D1719403

Claus Schlegel
Sächsische Eisenbahnen auf alten Ansichtskarten

Claus Schlegel

Sächsische Eisenbahnen auf alten Ansichtskarten

SACHSENBUCH

Gewidmet Herrn Heinz Finzel

ISBN 3-89664-010-0

1. Auflage 1998
© by Sachsenbuch Verlagsgesellschaft GmbH, Leipzig
Gesamtgestaltung: Jochen Busch
Gesamtherstellung: Neumann & Nürnberger, Leipzig
Printed in Germany

Machen Sie, lieber Leser, es sich so richtig gemütlich, wenn Sie dieses Buch aufschlagen, das Sie zurückführt in vergangene Zeit, in die letzten Jahre der Königlich Sächsischen Staatseisenbahn. Sie werden darüber keine geschlossene Darstellung finden, denn diese bieten durchaus andere Veröffentlichungen. Dennoch finden Sie auch eine Fülle von Informationen in diesem Buch, das die Ansichtskarte aus jener Zeit in den Mittelpunkt der Betrachtung rückt. Dabei war es nicht leicht, aus der Vielzahl sächsischer Eisenbahnstrecken und meinem dazu vorhandenen Kartenangebot auszuwählen. Ich habe mich deshalb auf den westlichen Teil Sachsens beschränken müssen. Alles, was östlich der Achse Riesa – Nossen – Brand – Olbernhau liegt, bleibt somit einem weiteren, ergänzenden Band vorbehalten. Die für dieses Buch ausgewählten Ansichtskarten umfassen den Zeitraum von etwa 1900 bis 1920. Die angeführten Fakten und Daten beziehen sich, wenn nicht anders vermerkt, sämtlich auf das Jahr 1910 und wurden aus statistischen Jahrbüchern zusammengetragen. Auch stellen diese Angaben keine lückenlose Chronik der jeweils abgebildeten Bahnhöfe und Stationen dar, die ja im Laufe der Zeit mehr oder weniger häufige Umbauten und Veränderungen erfahren haben.

Ich habe mich deshalb auch hierbei auf eine kleine Auswahl, im wesentlichen die Länderbahnzeit betreffend, beschränkt. Spätere Veränderungen werden kaum berücksichtigt. Neben der thematischen Auswahl legte ich auch besonderen Wert auf die Originalität jeder Karte. Die jeweils am Textende in Klammern gesetzte Jahreszahl gibt an, wann die Karte gelaufen ist. Karten, die eine ganz bestimmte Lokomotive vorstellen, haben in der Regel Beispielcharakter und nehmen Bezug auf den unmittelbar vorher erwähnten Lokomotivtyp. In diesem Zusammenhang sei darauf hingewiesen, daß die unter diesem Aspekt abgebildete konkrete Lokomotive nicht auf der angegebenen Strecke gefahren sein muß, andere Maschinen dieses Typs jedoch hier eingesetzt waren. Das Buch entstand aus meiner Sammelleidenschaft für Ansichtskarten zur Eisenbahngeschichte. Sie sind oftmals die noch einzigen Zeitzeugen. So sind manche der auf diesen Karten abgebildeten Bahnhöfe und Stationen heute nicht mehr in Betrieb und zum Teil in einem solch schlechten Zustand, daß nichts mehr an ihre eigentliche Funktion erinnert. Ihnen soll mit diesem Buch nicht zuletzt auch ein kleines Denkmal gesetzt werden.

Claus Schlegel

28.3.1837
Erste Probefahrt einer Lokomotive in Sachsen, nahe Leipzigs. Sie kam in 15 Kisten verpackt aus England und kostete 27660 M. Es war die *Komet*.

24.4.1837
Zwischen Leipzig und Althen wird die erste Bahnstrecke in Sachsen eröffnet.

7.4.1839
Die Strecke Leipzig—Dresden ist fertiggestellt und durchgehend befahrbar. Auf ihr verkehrten anfangs täglich zwei Personenzüge in jeder Richtung. Eine Fahrt dauerte 3 bis 4 Stunden.

1.4.1847
Der Sächsische Staat kauft die in Geldnot geratene Sächsisch-Bayrische Eisenbahn (Leipzig—Hof) und vollendet deren Bau. Es ist somit das Gründungsdatum der Sächsischen Staatseisenbahnen.

7.2.1848
Probefahrt der ersten von Richard Hartmann, Chemnitz, gebauten Lokomotive „Glück Auf" auf der Sächsisch-Bayrischen Eisenbahn.

1850
Das Eisenbahnnetz Sachsens besteht aus 475 km Privat- und 180 km Staatsbahnnetz.

15.7.1851
Die Göltzschtalbrücke und die Elstertalbrücke werden feierlich dem Verkehr übergeben.

1866 Preußisch-Östereichischer Krieg, in den auch Sachsen verwickelt wurde. Vor den Preußischen Truppen setzt eine „Lokomotivflucht" in Richtung Süden ein. Auf den Bahnhöfen Hof, Budapest und Eger drängen sich die dort abgestellten sächsischer Lokomotiven.

15.11.1858
Bildung der Direktionen der westlichen und östlichen Staatseisenbahnen.

April 1864
Einführung der 4. Wagenklasse in Sachsen

1.7.1869
Die Königliche Generaldirektion der Staatseisenbahnen mit Sitz in Dresden wird eingerichtet. Damit war zugleich auch die Auflösung der westlichen und östlichen Direktionen verbunden.

17.10.1881
Eröffnung der Strecke Wilkau—Stadt Kirchberg. Es war die erste 750-mm-Schmalspurstrecke Sachsens.

15.4.1882
Einführung des Sekundärbetriebes (vereinfachte Betriebsführung) auf einigen Strecken Sachsens nach der Verordnung zur Sicherung des Betriebes für sächsische Bahnstrecken untergeordneter Bedeutung.

1884
Einführung des Rechtsfahrens auf der Strecke Leipzig—Dresden. Vorher wurde wie in England links gefahren.

1.4.1886
Nach dem Bahnpolizei-Reglement wird die

Höchstgeschwindigkeit für Personenzüge mit 75 km/h und für Güterzüge mit 45 km/h angegeben.

1.1.1893
Eine neue Signalordnung besiegelt das Ende der Signale mit Stationsglocken. Diese werden daraufhin entfernt.

1.5.1895
Einführung der Sonntagsruhe für den Güterverkehr (außer Eil- und Viehtransport).

1900
Die Sächsische Staatsbahn betreibt ein Streckennetz von 3034 km Gesamtlänge, davon 285 km außerhalb Sachsens.

Ab 1.5.1905
wurden Stationen mit mindestens einer Weiche als Bahnhof bezeichnet, Stationen ohne Weiche als Haltepunkt. Die Bezeichnung *Haltestelle* entfiel.

1908
Die Sächsische Maschinenfabrik, vormals Richard Hartmann, in Chemnitz, erhält Gleisanschluß.

1.4.1909
Eine neue Eisenbahnverkehrsordnung tritt in Kraft, mit der das Beschwerdebuch und das Abläuten der Züge auf Nebenbahnen entfallen.

1910
Die Sächsische Staatsbahn besitzt 1409 Normalspur- und 123 Schmalspurlokomotiven.

1.10.1915
Der Leipziger Hauptbahnhof wird vollständig in Betrieb genommen. Die Feier der Schlußsteinlegung war am 4.12.1915. Bei der Sächsischen Staatsbahn gab es damit nunmehr insgesamt 930 Bahnhöfe, Haltepunkte oder Ladestellen.

1.5.1920

Gründungsdatum der Deutschen Reichsbahn.
Zu diesem Zeitpunkt hatte die Sächsische
Staatseisenbahn mit 3370 km Streckenlänge ihre
größte Ausdehnung.
Es bestanden die folgenden Betriebsdirektionen
und Bauämter:

Betriebsdirektion Chemnitz

Bauämter: Annaberg, Chemnitz I, Chemnitz II,
Döbeln I, Flöha, Glauchau

Betriebsdirektion Dresden-Altstadt

Bauämter: Dresden-Altstadt, Dresden-Friedrich-
stadt, Freiberg I, Freiberg II, Pirna.

Betriebsdirektion Dresden-Nenstadt

Bauämter: Bautzen, Dresden-Neustadt, Ebers-
bach, Zittau.

Betriebsdirektion Leipzig I

Bauämter: Altenburg I, Altenburg II, Greiz,
Leipzig I,

Betriebsdirektion Leipzig II

Bauämter: Döbeln II, Leipzig II, Riesa, Rochlitz.

Betriebsdirektion Zwickau

Bauämter: Oelsnitz i.V., Plauen i.V., Schwarzenberg, Zwickau I, Zwickau II.

Eisenbahnmaschinenämter

Chemnitz, Dresden-Altstadt, Dresden-Neustadt,
Leipzig, Zwickau.

Elektrotechnische Ämter:

Chemnitz, Dresden, Leipzig.

Eisenbahn-Werkstättenämter:

Chemnitz, Dresden I, Leipzig-Engelsdorf, Zwickau.

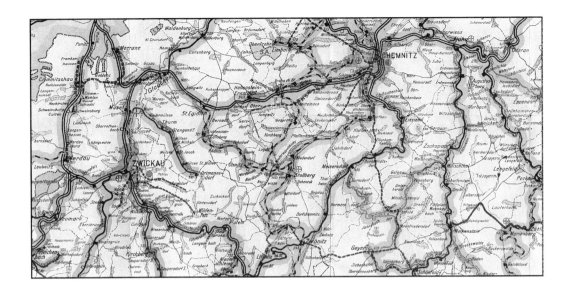

Kartenausschnitt mit dem Verlauf der Strecken Dresden—Werdau, Limbach—Wittgensdorf, Limbach —Wüstenbrand, Neuoelsnitz—Wüstenbrand, Stollberg—St. Egidien und Stollberg— Chemnitz

Zur Eisenbahn-Katastrophe bei Oederan.

Alle Zeitungen beschäftigen sich heute des Längeren mit der schrecklichen Eisenbahnkatastrophe, der vorgestern das Zwickauer Infanterieregiment auf dem Bahnhofe in Oederan zum Opfer gefallen ist. Wir haben bereits gestern das Unglück durch Extrablätter bekannt gegeben und einen eingehenden Bericht veröffentlicht, der sich mit den Angaben von offizieller Seite und allen gut berathenen größeren Zeitungen deckt. Im Nachstehenden wollen wir aus den uns zugehenden Berichten noch Folgendes zusammenstellen.

Die ‚Dr. N.‘ schicken ihrem Bericht folgende allgemeine Betrachtungen voraus: Der erschütternde Unfall ist von einer überwältigenden Tragik. Fröhlich und guter Dinge fahren die Mannschaften des Regiments in das Dunkel des Abends hinaus, der Garnison entgegen, die sie wieder aufnehmen soll nach den Freuden und Leiden der strapazenreichen Manöverzeit. Keine Seele ahnt, daß mit dem Zuge der Tod fährt, daß sein Schatten vor der Maschine hergeleitet, daß der Knochenmann unerbittlich auf die Beute lauert, die ihm verfallen ist. Während die Leute im Zuge singen und plaudern, während sie die Erlebnisse des Krieges im Frieden besprechen und wohl manch’ Einer einen Vergleich zieht zwischen der freien, sonnigen Manöverzeit und dem eintönigen Drill des „Kommißdienstes“ in der Garnison, bereitet sich inzwischen lautlos und fürchterlich das Verhängniß vor. Und nun kommt der Augenblick, da die Saat reif ist zur Sichel: ein Stoß, ein fürchterliches Krachen, das Gellen der Nothpfeife — Trümmer fliegen auf, und der in jähem Ruck sich aufbäumende Zug unterbricht seine verderbenschwangere Fahrt. Das Unglück ist geschehen. Viele von den Braven, die der Hitze und den Anstrengungen des Manövers nicht gewichen sind, liegen nun, besiegt von dem unwiderstehlichen Feinde alles Menschlichen, unter den Trümmern begraben. Einer nach dem andern wird von hilfsbereiten Händen hervorgezogen. Ach, die Zahl der Verunglückten ist gar zu groß! Sie will schier kein Ende nehmen. Das ist eine traurige Heimfahrt voll Blut und Entsetzen. Ein Trost wenigstens für die Verletzten, daß sofort Hilfe zur Stelle ist, die ihrer mit werkthätiger Liebe sich annimmt.

An Einzelheiten ist bis jetzt noch bekannt geworden, daß der Schnellzug, der 8 Uhr 7 Minuten in Chemnitz abgegangen war, nur einen Augenblick vor Eintritt der Katastrophe die Unglücksstelle passirt hatte; wäre er nur eine Minute später gekommen, so wäre er in die Trümmer, die sich auch auf das Nebengeleise geschoben hatten, hineingefahren und das Unglück wäre noch viel entsetzlicher geworden. Der Zusammenprall der Züge war ein so gewaltiger, daß der Krach weithin hörbar war. Vom Militärzug, der 96 Achsen hielt, wurden 1 Gepäckwagen und 4 Personenwagen demolirt. Von dem Güterzug wurde ein Gepäckwagen und eine Lowri zerstört — beiderseits abgesehen von den unbedeutenderen Beschädigungen, welche andere Wagen noch erlitten haben.

Ein Augenzeuge schildert den Anblick der Trümmerstätte wie folgt: Die Stelle, wo das Fürchterliche sich ereignete, liegt eine Viertelstunde von Oederan entfernt, in der Richtung nach Freiberg zu, in nächster Nähe des sogenannten Birkenwäldchens. Was sich unseren Blicken darbot, bildet ein Grauen einflößendes Zeugniß dessen, was vergangene Nacht da geschehen. Wer so etwas nicht mit eigenen Augen gesehen hat, kann sich keine rechte Vorstellung davon machen, und weder die Feder des Journalisten, noch der Stift des Zeichners vermag den Eindruck voll wiederzugeben, den die Wirklichkeit macht. Welches Chaos von umgestürzten Wagen, von Wagentrümmern, Holz- und Eisentheilen, Transportartikeln und Militär-Ausrüstungsstücken! Hier hat die furchtbare Gewalt, mit der die Züge aufeinanderprallten, die Decke eines Wagens rund und rein abgerissen und zur Erde geschleudert — dort bemerkt man die Oberachse vollständig beraubte Achse eines Wagens — und dort wieder durchschlagene, zersplitterte Wagenwände, einzelne Theile sperrig in die Luft ragen. An der eigentlichen Stelle des Zusammenstoßes die zwei Lokomotiven des Militärextrazuges — die eine aus dem Gleise gesprungen und mit Rädern in's Erdreich hineingewühlt, die zweite, von der Wucht der ersten mitgenommen, nach der Seite sich neigend — beide aber im Allgemeinen wenig beschädigt.

Das Schreien und Jammern der Verwundeten hat man in den der Unglückstätte am nächsten gelegenen Häusern Oederans vernommen — es soll herzzerreißend gewesen sein. Die Mann-schaften, welche in den mittleren und hinteren Wagen saßen, verspürten nur vier Stöße, einen starken und drei schwächere. Sie wurden aufgefordert, sitzen zu bleiben; als aber die Schmerzensrufe ihrer Kameraden ihnen ans Ohr drangen, ließen sie sich nicht halten; einzelne sprangen durch die Fenster des Koupées hinaus. Die Nacht und der Umstand, daß Wasser und Licht erst auf ziemlich weitläufigem Wege von Oederan heraufgeschafft werden mußten, erschwerten natürlich die erste Hülfeleistung für die Verwundeten ganz außerordentlich. Dennoch wurde allerseits das Menschenmöglichste im Samariterwerke geleistet, und sehr gut bewährte sich dabei die Oederaner Sanitätskolonne. Hauptmann v. Schweinitz ergriff das Pionierbeil eines Soldaten und war einer der Ersten, welche sich an die Befreiung der unter den Trümmern steckenden Unglücklichen machten. Auch die Oederaner Feuerwehr, durch Feuersignal alarmirt, griff thätig ein. Dennoch war es nicht allenthalben thunlich, die Verunglückten sofort aus ihrer schmerzvollen Lage zu erlösen. Die Offiziere des Regiments, welche im mittleren Zugtheil saßen, blieben unverletzt; dagegen büßte ein Theil des Militärzugs sein Leben ein. Aerzte waren — sowohl von Chemnitz, wie von Dresden — so schnell zur Stelle, als dieselben herbeizurufen waren.

Die Namen der 8 Todten und 47 Verwundeten haben wir bereits gestern mitgetheilt. Unter denselben befinden sich bedauerlicher Weise auch Söhne unseres oberen Erzgebirges. Der Gefreite Reßmann, welcher bei der Katastrophe getödtet worden ist, ist der Sohn der Wilhelm Reßmann'schen Eheleute in benachbarten Schlettau. Sein Leichnam wird morgen, Sonntag, Vormittag ½12 Uhr, in Chemnitz dem Schooße der Erde übergeben. Der Familie Reßmann wendet sich die allgemeine Theilnahme zu. Die Zahl der Verwundeten erstreckt sich ebenfalls auf unser Gebirge und nach dieser Richtung ebenfalls Schlettau, sowie ferner Annaberg, Frohnau und andere Nachbarorte genannt.

Die Königl. Generaldirektion der sächsischen Staatsbahnen macht unter dem gestrigen Datum Folgendes bekannt: „Gestern Abend 9 Uhr ist in der Nähe der Station Oederan ein das Zwickauer Infanterieregiment zurückführender Militärzug auf einen in der Einfahrt im Bahnhof Oederan begriffenen Güterzug aufgefahren. Vom Militärzug entgleisten die Lokomotiven und die nachfolgenden 10 Wagen, von denen 7 zertrümmert wurden. Hierbei sind leider 13 Soldaten getödtet, 30 schwer und 30 leicht verwundet worden. Vom Personal wurde der Zugführer des Militärzugs leicht, ein Schaffner desselben schwer verletzt. Aerzte waren sofort zur Stelle. Der Verkehr war auf beiden Gleisen gesperrt, doch ist es gelungen, heute Nachmittag 1 Uhr einen eingleisigen Betrieb herzustellen. Soviel die sofort eingeleitete Untersuchung bis jetzt erkennen läßt, ist die Ursache des Unfalles auf zu frühe Entblockung des rückliegenden Streckenblockes zurückzuführen.

Vorstehende Nachricht ist nicht in allen Theilen zutreffend, vielmehr gelten nach eingezogenen Erkundigungen bei der zuständigen Militärbehörde unsere gestrigen Mittheilungen über die Zahl der Verwundeten und Todten als das Thatsächliche entsprechend.

Zur Erläuterung des in Frage kommenden bahntechnischen Vorganges sei Folgendes ausgeführt. Um das Auffahren eines nachfolgenden Zuges auf einen in demselben Gleise vorausfahrenden Zug zu verhindern, sind an den Bahnlinien Blocksignale eingerichtet, die den Zweck haben, die vorliegende Gleisstrecke bis zur nächsten Blockstation so lange abzusperren, als bis auf dieser Strecke befindlich ist. Zu diesem Behufe sind die betreffenden Bahnstrecken in einzelne Abtheilungen, Blockstrecken genannt, getheilt, welche ihre Begrenzung entweder in den mit Blocksignalen versehenen Wärterhäusern oder in den Bahnstationen finden. Innerhalb einer solchen Strecke darf sich auf demselben Gleise stets nur ein Zug bewegen und es ist ein nachfolgender Zug am Anfange der betreffenden Blockstrecke so lange aufzuhalten, bis von der vorliegenden Blockstation die elektrische Entblockung erfolgt ist. Letztere ist ein Zeichen dafür, daß der vorausgefahrene Zug bei der vorliegenden Station vorübergefahren und somit die Strecke bis dahin wieder frei ist. Um dies zu erreichen und so die Auseinanderfolge der Züge in bestimmten Entfernungen zu gestalten, sind theils in Wärterhäusern, theils in den Stationsgebäuden, sowie am Eingange der Bahnhöfe Blockwerke aufgestellt, welche, durch Drahtleitungen unter sich verbunden, derartig auf die damit im Zusammenhange

*< Unfallbericht in der
Obererzgebirgischen Zeitung
(September 1895)*

*Unfall am 19.9.1895 bei Oederan. Rechts die sä.V,
Betriebsnummer 816.*

Dresden—Werdau 11

Brücke bei Hetzdorf

Die mit dem Streckenabschnitt Freiberg—Flöha
eröffnete, landschaftlich schön gelegene Brücke
ist 307 m lang und 43 m hoch. Sie hat 17 Bogen
und wurde mit einem Kostenaufwand von 1,652
Millionen Mark erbaut. Auf der Brücke ist ein in
Richtung Oederan fahrender Güterzug zu erkennen. Die Brücke wird heute nicht mehr genutzt
und steht unter Denkmalschutz. (1909)

Flöha i. Sa. — Bahnhof

Bahnhof Flöha,
mit dem Bau der Strecke Annaberg—Flöha errichtet und am 1.2.1866 eröffnet. Fast zeitgleich wurde noch die Verbindung nach Chemnitz fertiggestellt und am 14.5.1866 in Betrieb genommen. Im Jahre 1869 kam die Strecke nach Freiberg hinzu. Der Bahnhof Flöha erhielt 1885 eine Signal- und Weichenstellerei, 1887 wurde nochmals die Gleisanlage erweitert. Die Empfangsgebäude wurden 1933 abgerissen und durch einen Neubau an anderer Stelle ersetzt.(1918)

Abgefertigte Personen:	474875
Bedeutung im Personenverkehr:	Platz 37
Kohlenbezug:	30700 t
Güterempfang:	60361 t
Güterversand:	42870 t
Bedeutung im Güterverkehr:	Platz 93
Zuständige Betriebsdirektion:	Chemnitz
Einwohner des Ortes:	3875
Amtshauptmannschaft:	Flöha

Flöha. Eisenbahnbrücke.

Eisenbahnbrücke
zwischen Flöha und Niederwiesa

Hier an dieser Stelle fließen Zschopau und Flöha
zusammen. Auf der Brücke befindet sich gerade
ein Zug mit einem Bremser. Da die Güterzüge
damals noch nicht mit einer durchgehenden
Luftbremse ausgestattet waren, mußte dieser auf
ein Lokomotivsignal (Pfeifen) hin die Bremsen
betätigen.

Chemnitz Hilbersdorf.

Ein Lokführer auf seiner Maschine. Er selbst schrieb damals, daß es sich um eine hochmoderne Schnellzugverbundlokomotive handelt und hat mit dieser Einschätzung durchaus recht. Es ist eine sä. VIII V1, Serie 131–140.

Hilbersdorf gehört seit dem 1.4.1904 zu Chemnitz. Der ehemalige, am 15.8.1893 eröffnete Haltepunkt wurde später zum Rangierbahnhof ausgebaut, dessen Inbetriebnahme am 2.5.1902 erfolgte. (1900)

Chemnitz, 23. März. Als einen neuen Beweis für die rührige Leistungsfähigkeit unsrer industriellen Etablissements kann ich Ihnen heute melden, daß soeben aus der Maschinenfabrik von Richard Hartmann die 150. Locomotive, Namens „Dresden" hervorgegangen und auf demselben Wege nach dem Bahnhofe transportirt worden ist, welchen vor noch nicht 2 Jahren die „Hundert" unter damals großer Feierlichkeit zurückgelegt hat. Es sind also in dieser kurzen Zeit 50 Locomotiven in demselben Etablissement fertig geworden, wo etwa 11 Jahre zuvor die erste zur Ausführung gelangte; gewiß ein deutlich sprechendes Zeichen, wie sehr unser Hartmann seine Aufgabe erkennt und durch Vermehrung seiner Einrichtungen dazu beigetragen hat, daß nicht nur einheimische Maschinenbestellungen dem Sachsenlande erhalten bleiben, sondern auch diejenigen des Auslandes sich mehr und mehr auf Sachsen und speciell auf Chemnitz concentriren. Gott gebe nur, daß der infolge der herrschenden Zeitverhältnisse schon seit einiger Zeit bei uns fühlbar eingetretene stille Geschäftsverkehr bald neues Leben gewinnt und daß namentlich auch die Maschinenfabriken, welche einer Masse von Arbeitern lohnenden Verdienst darbieten können, wieder reichlichere Bestellungen erhalten, denn jetzt vermögen weder billige Preise, noch vorzügliche Ausführung der Maschinen Aufträge heranzuziehen, wo nun einmal der Handelsverkehr im Allgemeinen über Mangel an Absatz Klage führt und zur Vermehrung der Productionsmittel nur hier und da Veranlassung giebt.

Vorbereitung zum letzten Transport einer Lokomotive der Sächsischen Maschinenfabrik, vormals Richard Hartmann, in Chemnitz.

Die Firma, die Hauptlieferant von Lokomotiven an die Sächsische Staatsbahn war, besaß bis 1908 keinen Gleisanschluß an das Sächsische Staatsbahnnetz. Jede Lokomotive mußte von Pferden gezogen, der Eisenbahn zugeführt werden.

< Zeitungsnotiz im Erzgebirgischen Volksfreund 1860

Chemnitz Hauptbahnhof
1902

Aufnahme u. Verlag: Richard Ramm, Leipzig

Chemnitz Hbf,

seit dem 1.4.1904 so benannt. Rechts der alte Bahnsteig in Richtung Aue und Stollberg, der in Verbindung mit den 1904 begonnenen Umbauten verlegt wurde. Im November 1909 war die Gesamtanlage des südlichen Bahnhofs fertiggestellt. Das Emfangsgebäude auf der Karte wurde 1869–1872 errichtet und hat sich seitdem nur unwesentlich verändert.

Abgefertigte Personen:	4729711
Bedeutung im Personenverkehr:	Platz 2
Kohlenbezug:	281763 t
Güterempfang:	852921 t
Güterversand:	276829 t
Bedeutung im Güterverkehr:	Platz 6
Zuständige Betriebsdirektion:	Chemnitz
Einwohner des Ortes:	293761
Amtshauptmannschaft:	Chemnitz

3/5 gekuppelte Vierzylinder-Heissdampf-Verbund-Schnellzugslokomotive
der Kgl. Sächs. Staatseisenbahn.

Erbaut von der Sächsischen Maschinenfabrik vorm. Rich. Hartmann in Chemnitz 1908.

3687. Verlag von Richard Liebold, Chemnitz

Im Chemnitzer Hbf: die Schnellzuglok sä. XII HV,
Betriebsnummer 11 (bei DRG 17 705)

Erbaut:	1908 von
der Sächs. Maschinenfabrik, vormals R. Hartmann	
Maximale Geschwindigkeit:	100 km/h
Kesselüberdruck:	15 bar
Treibraddurchmesser:	1905 mm
Gewicht ohne Tender:	70,7 t
Ausgemustert:	1934

18   Dresden—Werdau

Chemnitz. Südbahnhof

Chemnitz Südbahnhof,

vor dem 1.2.1905 noch Bf. Altchemnitz genannt. Altchemnitz wurde am 1.10.1894 zu Chemnitz eingemeindet. Der Bahnhof wurde mit dem Bau der Strecke Chemnitz—Aue—Adorf als deren Ausgangspunkt errichtet und 1875 eröffnet. Im Jahre 1895 kam die Linie nach Stollberg hinzu. Im Zuge der Umgestaltung des Chemnitzer Hauptbahnhofes machten sich auch hier weitere Umbauten erforderlich. Nachdem 1907 das neue Empfangsgebäude fertiggestellt war, gingen am 1.10.1908 die erneuerten Anlagen des Süd-bahnhofes in Betrieb. Damit wurde dieser zugleich auch Station der Linie Dresden—Werdau. (1908)

Abgefertigte Personen:	1 034 508
Bedeutung im Personenverkehr:	Platz 12
Kohlenbezug:	126 228 t
Güterempfang:	455 673 t
Güterversand:	82 554 t
Bedeutung im Güterverkehr:	Platz 13
Zuständige Betriebsdirektion:	Chemnitz

Chemnitz, Nicolaibahnhof.

Chemnitz, Nicolaibahnhof,
am 15.11.1858 mit dem Abschnitt Chemnitz—
Zwickau als Personenhaltestelle eingerichtet, im
Jahre 1900 zum Bahnhof erhoben. Sein Standort
hat sich zweimal verändert. Die Abbildung zeigt
den Interimsbahnhof, ehemals Tivoli. Zuvor
befand er sich an der Stollberger Straße. Der
heutige Name: Chemnitz-Mitte. Die Lokomotive
ist eine sä. VIII V2. (1908)

Abgefertigte Personen:	749501
Bedeutung im Personenverkehr:	Platz 19
Güterempfang:	338 t
Güterversand:	622 t
Bedeutung im Güterverkehr:	Platz 718
Zuständige Betriebsdirektion:	Chemnitz

Blockstelle T Chemnitz-Schönau

Links das Läutewerk, daneben sächs. Formsignal
und Wärterbude. Zwischen den beiden Eisenbah-
nern das Kurbelwerk, im Hintergrund die
Drahtbürstenfabrik.

Siegmar. Poſt und Bahnhof.

Bahnhof Siegmar,
am 15.11.1858 mit dem Streckenabschnitt
Chemnitz—Zwickau eröffnet. Das Empfangsgebäude, links neben dem Postamt, wurde später
umgebaut. Das Postgebäude gibt es nicht mehr.

Abgefertigte Personen:	422 708
Bedeutung im Personenverkehr:	Platz 43

Kohlenbezug:	22 369 t
Güterempfang:	63 619 t
Güterversand:	11 166 t
Bedeutung im Güterverkehr:	Platz 137
Zuständige Betriebsdirektion:	Chemnitz
Einwohner des Ortes:	3 271
Amtshauptmannschaft:	Chemnitz

Bahnhof Wüstenbrand,
mit dem Streckenabschnitt Chemnitz—Zwickau
am 15.11.1858 eröffnet. Am gleichen Tag
erfolgte auch die Inbetriebnahme der Kohlenbahn
von hier nach Lugau. Mit der Einführung der
Bahnlinie Limbach-Wüstenbrand wurde 1897 der
Bahnhof mit seinen Anlagen entsprechend
erweitert. (1919)

Abgefertigte Personen:	360 028
Bedeutung im Personenverkehr:	Platz 53
Kohlenbezug:	22 298 t
Güterempfang:	39 263 t
Güterversand:	11 134 t
Bedeutung im Güterverkehr:	Platz 196
Zuständige Betriebsdirektion:	Chemnitz
Einwohner des Ortes:	2 145
Amtshauptmannschaft:	Chemnitz

Glauchau   Bahnhof

Bahnhof Glauchau,

an der Strecke Chemnitz—Zwickau am
18.11.1858 eröffnet. Mit der Inbetriebnahme der
Strecke nach Penig war Glauchau ab 10.5.1875
auch Ausgangspunkt der Muldenthalbahn. Das
abgebildete alte Empfangsgebäude wurde in
Verbindung mit einer Bahnhofserweiterung
abgebrochen, ein neuerrichtetes im Jahre 1926
eingeweiht.

Abgefertigte Personen:	554 787
Bedeutung im Personenverkehr:	Platz 28
Kohlenbezug:	111 226 t
Güterempfang:	182 909 t
Güterversand:	47 495 t
Bedeutung im Güterverkehr:	Platz 43
Zuständige Betriebsdirektion:	Chemnitz
Einwohner des Ortes:	25 155
Amtshauptmannschaft:	Glauchau

LIMBACH i. S. Bahnhof

252. Verlag: Carl Grosser, Photograph, Limbach

Bahnhof Limbach,

an der 6 km langen Strecke Limbach—Wittgensdorf am 8.4.1872 eröffnet. Der Bau einer weiteren Strecke von Limbach nach Wüstenbrand hatte 1897 hier nur unbedeutende Veränderungen zur Folge. (1909)

Abgefertigte Personen:	437 402
Bedeutung im Personenverkehr:	Platz 40
Kohlenbezug:	66 749 t
Güterempfang:	129 873 t
Güterversand:	19 162 t
Bedeutung im Güterverkehr:	Platz 61
Zuständige Betriebsdirektion:	Chemnitz
Einwohner des Ortes:	16 806
Amtshauptmannschaft:	Chemnitz

Eisenbahnbrücke über den Pleissebach bei Limbach in Sachsen.
2 Hauptbögen von je 20 m. Lichtweite, im Jahre 1896 ausgeführt in Cementstampfbeton mit Gelenken
aus Betonquadern von
Windschild & Langelott, Cossebaude b. Dresden, Bromberg und Insterburg.
116. Phot. u. Verlag v. Stapelfeld & Sohn, Limbach i. S. 1905. Gesetzlich geschützt.

Eisenbahnbrücke in der Ortschaft Kändler,

an der 12 km langen Strecke Limbach—Wüsten-
brand. Die Linie wurde am 1.12.1897 eröffnet.
Der in Richtung Wüstenbrand fahrende gemischte
Zug wird von einer sä. IIIb T gezogen. (1913)

Personenzug-Tenderlokomotive sä. IIIb T

Betriebsnummer	1305
Erbaut:	1874 von Schwartzkopff
Maximale Geschwindigkeit:	50 km/h
Kesselüberdruck:	9 bar
Treibraddurchmesser:	1390 mm
Gewicht leer:	29 t
Ausgemustert:	1922

Lugau Bahnhof

Bahnhof Lugau,
mit der Kohlenbahn Wüstenbrand—Lugau am
15.11.1858 eröffnet. Ab 1.8.1862 erfolgte die
Einführung des Personenverkehrs auf dieser
Strecke, die 1879 bis Neuoelsnitz verlängert
wurde. (1905)

Abgefertigte Personen:	144 481	
Bedeutung im Personenverkehr:	Platz 142	
Kohlenbezug:	6 241 t	
Güterempfang:	52 280 t	
Güterversand:	505 930 t	
Bedeutung im Güterverkehr:	Platz 12	
Zuständige Betriebsdirektion:	Chemnitz	
Einwohner des Ortes:	8 713	
Amtshauptmannschaft:	Stollberg	

Lugau
Vertrauen-Schacht

Lugau, Vertrauensschacht

Arbeiter beim Stopfen einer Weiche. Wie bei allen
Kohlebahnen stieg auch hier zunächst das
Verkehrsaufkommen enorm an. 1875 hatten in
Lugau bereits acht Schächte Gleisanschluß.

MITTEL-OELSNITZ i. Erzgeb. Haltepunkt.

Haltepunkt Mitteloelsnitz,

an der Strecke Stollberg—St.Egidien gelegen.
Die Strecke wurde am 15.5.1879 für den Gesamtverkehr eröffnet, der Haltepunkt jedoch erst
später, am 1.5.1904. Heute beherbergt das
Haltestellengebäude eine Gaststätte.

Abgefertigte Personen:	66 068
Bedeutung im Personenverkehr:	Platz 285
Güterempfang:	50 t
Güterversand:	19 t
Bedeutung im Güterverkehr:	Platz 801
Zuständige Betriebsdirektion:	Chemnitz
Einwohner des Ortes:	16 213
	für Oelsnitz
Amtshauptmannschaft:	Stollberg

Spezialität „Goldammerkorn"

Gruss aus Herm. Goldammers Restaurant
und Bahnhof Niederwürschnitz, Erzg.

Anton Zehner, Stollberg.

Bahnhof Niederwürschnitz,
an der Strecke Stollberg—St. Egidien
gelegen. Der Bahnhof (eine 31 m²
Wartehalle und eine Freitoilette)
wurde erst am 9.12.1895, 16 Jahre
nach Inbetriebnahme der Strecke, als
Haltepunkt für den Personen- und Gepäckverkehr
eröffnet. Vor dem Zug eine sä. VT. (1908)

	Güterempfang:	5860 t
	Güterversand:	794 t
	Bedeutung im Güterverkehr:	Platz 554
Abgefertigte Personen:	45684	Zuständige Betriebsdirektion:	Chemnitz
Bedeutung im Personenverkehr:	Platz 364	Einwohner des Ortes:	3414
Kohlenbezug:	572 t	Amtshauptmannschaft:	Stollberg

Stollberg i. Erzgeb. Bahnhof

Bahnhof Stollberg,

mit der 20 km langen Bahnlinie Stollberg—St. Egidien am 15.5.1879 eröffnet. Bereits 1889 wurden mit der Einmündung der Strecke Zwönitz—Stollberg Erweiterungsbauten erforderlich. Ab 1.10.1895 wurde diese Strecke dann bis Chemnitz/Südbahnhof weitergeführt. Gleichzeitig war der Verbindungsbogen zur Linie Stollberg— St. Egidien bei Niederdorf fertiggestellt worden. Die Aufnahme entstand um 1925. Links vor dem Lokschuppen eine sä XI HT (bei DRG 941921).

Abgefertigte Personen:	279538
Bedeutung im Personenverkehr:	Platz 73
Kohlenbezug:	12680 t
Güterempfang:	34894 t
Güterversand:	5243 t
Bedeutung im Güterverkehr:	Platz 236
Zuständige Betriebsdirektion:	Chemnitz
Einwohner des Ortes:	7863
Amtshauptmannschaft:	Stollberg

⁵/₅ gekuppelte Heissdampf-Güterzugs-Tenderlokomotive XI HT
Erbaut v. d. Sächs. Maschinenfabrik zu Chemnitz vorm. Rich. Hartmann, 1908. Dienstgewicht 77 300 kg.
Geschwindigkeit 40 km.

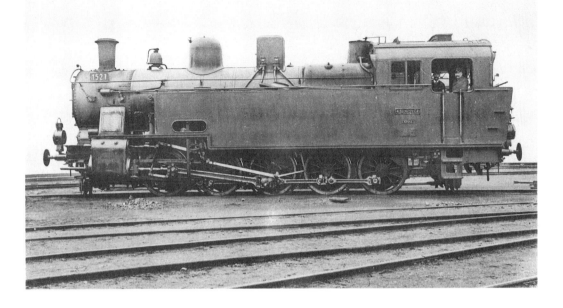

Die Güterzug-Tenderlokomotive sä. XI HT

Betriebsnummer 1521 (bei DRG 94 2001).

Erbaut:	1908 von der Sächs. Maschinenfabrik, vormals R. Hartmann
Maximale Geschwindigkeit:	45 km/h
Kesselüberdruck:	12 bar
Treibraddurchmesser:	1240 mm
Gewicht leer:	60,4 t
Ausgemustert	1967

Bahnhof Jahnsdorf,

mit dem Streckenabschnitt Stollberg—Chemnitz/
Südbahnhof am 1.10.1895 eröffnet. Heute gibt
es die Strecke von Zwönitz nach Stollberg nicht
mehr. Die Abbildung zeigt den Schwerlast-
transport eines Dampfkessels für die Strumpffa-
brik Carl Friedrich Kreißig, ausgeführt im Jahre
1921 von der Firma Weber aus Jahnsdorf. Das
Transportunternehmen Weber ist auch heute noch
hier ansässig.

Abgefertigte Personen:	66 527
Bedeutung im Personenverkehr:	Platz 284
Kohlenbezug:	3 733 t
Güterempfang:	13 409 t
Güterversand:	1 520 t
Bedeutung im Güterverkehr:	Platz 422
Zuständige Betriebsdirektion:	Chemnitz
Einwohner des Ortes:	3 414
Amtshauptmannschaft:	Stollberg

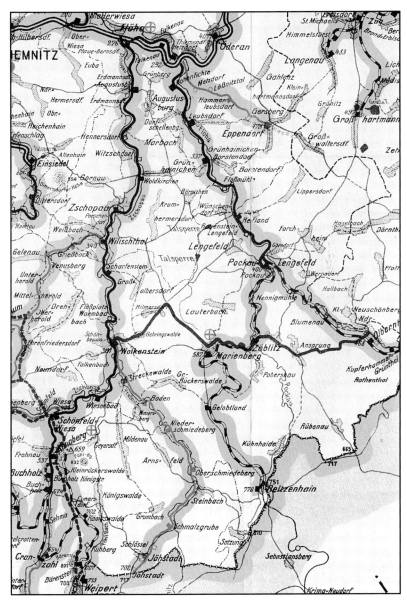

Kartenausschnitt mit dem Verlauf der Strecken Annaberg—Flöha, Weipert—Annaberg, Reitzenhain—Flöha, Pockau—Neuhausen und Berthelsdorf—Großhartmannsdorf

Buchholz, 6. Mai 1895.

*— Einen bedauerlichen Unfall, der von unberechenbaren noch viel traurigeren Folgen hätte sein können, hat gestern auf der Flöha-Annaberger Linie der in Annaberg gegen ¼12 Uhr fällige Personenzug genommen. Den Angaben eines Augenzeugen folgend, ist derselbe in seinem vorderen Theile unterhalb Wilischthal entgleist und den hohen Damm hinab gefahren. Auf Bahnhof Wilischthal, wo mehrere Passagiere mit Ungeduld auf das Eintreffen des Zuges warteten, erhielt man von dem schrecklichen Ereigniß durch einen Boten Kenntniß, der die überraschende Nachricht überbrachte, daß der Zug in die Zschopau gestürzt sei. Sofort begab man sich nach der Unglücksstelle und nach einer Fußtour von kaum ¼ Stunde sah man die Angaben des oben erwähnten Boten bestätigt, wenn auch nicht in ihrer ganzen Tragweite, so doch immerhin schrecklich genug, um die Theilnahme Aller zu erwecken. An der angedeuteten Stelle macht das Geleis eine größere Kurve und beim Passiren derselben ist die Maschine aus dem Geleis gesprungen, etwa 100 bis 125 Schritt neben demselben gefahren und sodann unter weithin vernehmbarem Getöse den auf 10 bis 12 m hoch geschätzten Damm hinuntergestürzt. Der Lokomotive folgten der Tender, ferner ein Viehwagen, der Packmeisterwagen und zwei Personenwagen. Ein Personenwagen 2. Klasse, der mit in die Tiefe gerissen wurde, fuhr auf die Trümmer auf, blieb so an der Böschung stehen und konnte später wieder auf das Geleis gebracht werden. Ein panischer Schrecken bemächtigte sich der Passagiere und des Fahrpersonals und in die Klagerufe vieler Personen mischten sich die unheimlichen Töne der auf dem Zug untergebrachten gewesenen und noch am Leben befindlichen Rinder. Auf der Maschine, die sich tief in den Grund gebohrt zu haben schien, befanden sich die Herren Lokomotivführer Auerbach-Annaberg und Heizer Ebert-Frohnau. Der Erstere ist mit einigen leichten Verwundungen davon gekommen, letzterer dahingegen scheint außer einigen Hautabschürfungen schwere innere Verletzungen erlitten zu haben und wurde dem Annaberger Krankenhause zugeführt. Besonders klagt derselbe über heftige Schmerzen im Rücken, jedoch soll laut ärztlichen Ausspruchs für sein Leben infolge der Verletzungen keine Gefahr vorhanden sein. In dem Viehwagen befand sich ein von Berlin kommender Transport

Rinder, zwölf Stück an Zahl, kamen nur vier mit dem Leben davon. Dieselben wurden unter zum Theil schwierigen Verhältnissen unter den Trümmern hervorgezogen und haben nur leichtere Kontusionen erlitten. Sechs Rinder dahingegen gingen auf gräßliche Weise zu Grunde, während zwei durch den Sturz derartig zugerichtet waren, daß sie an Ort und Stelle getödtet werden mußten. Die Rinder gehören Herrn Fleischermeister Grund in Scheibenberg, der sich in einem Personenwagen befand und mit demselben ebenfalls den Weg in die Tiefe nehmen mußte. Glücklicherweise ist Herr Grund mit dem Schrecken und vielleicht einigen unbedeutenden Verwundungen davon gekommen und konnte mit dem in Annaberg 8 Uhr 45 Min. fälligen Zug seine Heimreise nach Scheibenberg fortsetzen. Mit demselben Zug wurden auch die mit dem Leben davongekommenen vier Rinder ihrem Bestimmungsort weiter zugeführt. Von Chemnitz wurde auf Benachrichtigung von dem Unglück sofort ein Rettungszug abgelassen, auf dem eine große Anzahl von Arbeitern vom dortigen Werkstättenbahnhof an die Unfallstelle anlangte und sofort die Bergungsarbeiten und die Wiederherstellung der Geleisanlage begannen. Der 6 Uhr 18 Min. Nachmittags von Annaberg abgehende und 7 Uhr 15 Min. den Bahnhof Wilischthal passirende Personenzug konnte die Unfallstelle erstmalig wieder befahren. Ein Glück darf es genannt werden, daß die Entgleisung nicht noch viel traurigere Folgen gehabt hat. Hätte z. B. Herr Grund aus Scheibenberg, auf einen gegebenen Einfall hin nicht noch in Zschopau den Wagen gewechselt, so würde er kaum so glücklich, wie es geschehen, davongekommen sein. Desgleichen sind in Zschopau aus den verunglückten Wagen mehrere Passagiere ausgestiegen, die, wenn sie die Reise fortgesetzt hätten, ebenfalls einer großen Gefahr entgegengegangen wären. Ueber die Ursache der Entgleisung herrschen z. Z. nur Vermuthungen und ist Näheres abzuwarten, bis die Ergebnisse der Untersuchung in die Oeffentlichkeit dringen. — Heute Vormittag gegen 11 Uhr traf mit dem fahrplanmäßigen Personenzug wieder eine Abtheilung Arbeiter vom Chemnitzer Werkstättenbahnhof an der Unglücksstelle ein, um die Beseitigung der am Fuße der Böschung lagernden Wagen fortzusetzen. Die Bergungsarbeiten werden dadurch erschwert, daß die Lokomotive, Tender ec. gänzlich zerlegt und stückweise beseitigt werden müssen. Der Zuzug von Fremden ist groß.*

Unfall des Personenzuges 427 am 5.5.1895 zwischen Zschopau und Wilischthal.
Die verunglückte Lok war die „Eibau", eine IIIb. Rechts der Hilfszug aus Annaberg
mit der sä. VII „Friedrich der Streitbare".

Bahnhof Zschopau,

am 1.2.1866 mit der Strecke Annaberg—Flöha
eröffnet. Vor dem Personenzug in Richtung Flöha
eine sä. VIII 1, auf dem Nachbargleis eine sä. VT.
(1904)

Abgefertigte Personen:	139 433
Bedeutung im Personenverkehr:	Platz 150
Kohlenbezug:	14 321 t
Güterempfang:	36 989 t
Güterversand:	10 209 t
Bedeutung im Güterverkehr:	Platz 213
Zuständige Betriebsdirektion:	Chemnitz
Einwohner des Ortes:	6 732
Amtshauptmannschaft:	Flöha

Bahnhof Wilischthal

wurde nicht mit der Streckeneröffnung errichtet, sondern erst 1874 als Güterstation neu an der Strecke angelegt. Dabei entstand auch das Empfangsgebäude, das 1886 erweitert wurde. Im gleichen Jahr nahm der Bahnhof die Schmalspurstrecke nach Ehrenfriedersdorf auf. Auf der Karte ist die Regelspurseite des Bahnhofs abgebildet. (1915)

Abgefertigte Personen:	65 230
Bedeutung im Personenverkehr:	Platz 290
Kohlenbezug:	17 544 to
Güterempfang:	47 451 t
Güterversand:	42 367 t
Bedeutung im Güterverkehr:	Platz 112
Zuständige Betriebsdirektion:	Chemnitz
Einwohner des Ortes:	Ortsteile von Grießbach, Schlößchen, Weißbach und Zschopau
Amtshauptmannschaft:	Flöha

Scharfenstein a. d. Zschopau. Bahnhof u. Schloß.

Bahnhof Scharfenstein,

am 1.2.1866 eröffnet. 1883 wurde die Gleisanlage in Richtung Hopfgarten erweitert. Heute ist Scharfenstein nur noch Haltepunkt. Der abgebildete Güterzug in Richtung Annaberg wird von einer sä. V gezogen.

Abgefertigte Personen:	59 194
Bedeutung im Personenverkehr:	Platz 309
Kohlenbezug:	7 189 t
Güterempfang:	20 799 t
Güterversand:	10 284 t
Bedeutung im Güterverkehr:	Platz 285
Zuständige Betriebsdirektion:	Chemnitz
Einwohner des Ortes:	948
Amtshauptmannschaft:	Marienberg

Haltestelle „Flossplatz" i. Erzgeb.

Haltestelle Floßplatz,

im idyllischen Zschopautal gelegen. Der Haltepunkt wurde erst am 1.5.1889, lange nach Inbetriebnahme der Strecke Annaberg—Flöha, eröffnet. Ab 1.10.1904 erhielt er aufgrund der in der
Nähe befindlichen Heilquelle den Beinamen Warmbad (heute nur noch Warmbad genannt). Der
Güterschuppen mit Ladegleis (Bildmitte) gehörte
zur Pappenfabrik Heinemann. Der Güterzug
kommt von Wolkenstein und fährt in Richtung
Scharfenstein. Die Lokomotive ist eine sä. V. (1905)

Abgefertigte Personen:	27 956
Bedeutung im Personenverkehr:	Platz 453
Güterempfang:	12 t
Güterversand:	5 t
Bedeutung im Güterverkehr:	Platz 821
Zuständige Betriebsdirektion:	Chemnitz
Einwohner des Ortes:	Ortsteil von Schönbrunn
Amtshauptmannschaft:	Marienberg

³/₃ gekuppelte Güterzugs-Lokomotive V

Erbaut v. d. Maschinenfabrik Emil Kessler in Esslingen, 1868.   Dienstgewicht 38 900 kg.   Geschwindigkeit 45 km.

Die Güterzuglokomotive sä. V, Betriebsnummer 924

Erbaut:	1868 von
	Maschinenfabrik Esslingen, vormals E. Kessler
Maximale Geschwindigkeit:	45 km/h
Kesselüberdruck:	7,5 bar
Treibraddurchmesser:	1370 mm
Gewicht leer:	34 t
Ausgemustert:	1915

Bahnhof Wolkenstein mit Hjaganlagen

Bahnhof Wolkenstein,

mit der Strecke Annaberg—Flöha am 1.2.1866
eröffnet. 1892 erforderte die Einbindung der
Schmalspurbahn Wolkenstein—Jöhstadt größere
Umbauten und Erweiterungen.

Kohlenbezug:	6 633 t
Güterempfang:	40 780 t
Güterversand:	34 142 t
Bedeutung im Güterverkehr:	Platz 136
Zuständige Betriebsdirektion:	Chemnitz

Abgefertigte Personen: 111 053
Bedeutung im Personenverkehr: Platz 184

Einwohner des Ortes:	2 116
Amtshauptmannschaft:	Marienberg

Gruß aus dem Zschopautal. Blick nach Bahnhof Wolkenstein und Schönbrunn.

Blick auf Bahnhof Wolkenstein,
rechts die Anlagen der Schmalspurbahn

Annaberg—Flöha   43

Warmbad Wiesenbad i. Erzgeb. Lawn Tennis-Platz.

Warmbad Wiesenbad,

an der Strecke Annaberg—Flöha gelegen.
Der Personenzug wird von einer sä. Schnellzug-
lokomotive VIII 1 gezogen, deren Einsatz auf
Gebirgsstrecken eher ungewöhnlich war. (1913)

Sächsische Schnellzuglokomotive VIII1,
Betriebsnummer 100

Erbaut: 1870 von
    der Maschinenfabrik Esslingen, vorm. E. Kessler
Maximale Geschwindigkeit: 70 km/h
Kesselüberdruck: 8,5 bar
Treibraddurchmesser: 1830 mm
Gewicht ohne Tender: 33,8 t
Ausgemustert: 1900

Annaberg i. Erzgeb. *Blick nach dem Bahnhof und Stadtbad* Stadtbad

Bahnhof Annaberg,
als Kopfbahnhof der Strecke Annaberg—Flöha am
1.2.1866 eröffnet. Mit dem Bau der Strecke
Weipert—Annaberg im Jahre 1872 wurde der
Bahnhof erweitert und zum Durchgangsbahnhof
umgebaut. Als 1889 noch die Strecke nach
Schwarzenberg hinzukam, mußten nochmals das
Planum und die Gleisanlagen vergrößert werden.
Abgefertigte Personen: 339 343

Bedeutung im Personenverkehr:	Platz 59
Kohlenbezug:	19 996 t
Güterempfang:	56 453 t
Güterversand:	18 918 t
Bedeutung im Güterverkehr:	Platz 135
Zuständige Betriebsdirektion:	Chemnitz
Einwohner des Ortes:	18 929
Amtshauptmannschaft:	Annaberg

Annaberg i. Erzgeb.　　　　　*Blick nach dem Bahnhof und Schreckenberg Ruine*

Blick auf den Bahnhof Annaberg

(heute Annaberg-Buchholz unt. Bhf). Vorn im
Bild die Drehscheibe vor dem Lokschuppen.

Annaberg—Flöha　　47

Buchholz im Erzgebirge.

Bahnhof Buchholz,

mit der Strecke Weipert—Annaberg am 3.8.1872 eröffnet. Da aufgrund der territorialen Gegebenheiten die Güteranlagen des Bahnhofes Annaberg nicht weiter vergrößert werden konnten, wurden hier in Buchholz von 1905 bis 1908 entsprechende Aus- und Umbauten vorgenommen. Die Lokstation wurde von Annaberg nach Buchholz verlagert, nachdem hier ein neues Heizhaus mit 16 Ständen errichtet worden war. (1916)

Abgefertigte Personen:	73735
Bedeutung im Personenverkehr:	Platz 264
Güterempfang:	26799 t
Güterversand:	51134 t
Bedeutung im Güterverkehr:	Platz 150
Zuständige Betriebsdirektion:	Chemnitz
Einwohner des Ortes:	9676
Amtshauptmannschaft:	Annaberg

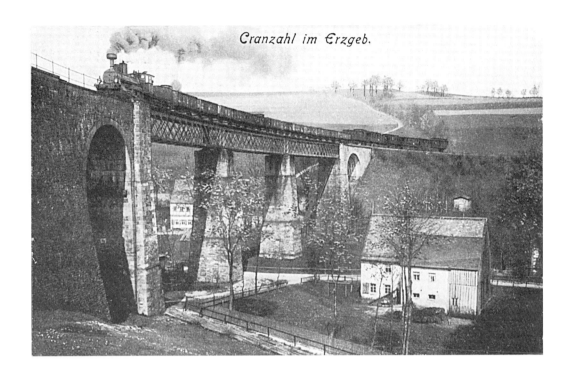

Cranzahl im Erzgeb.

Die alte Brücke in Cranzahl

galt damals als die größte Eisenbahnbrücke im Erzgebirge. Der in Richtung Weipert fahrende Güterzug mit angehängten Personenwagen wird von einer sä. VV gezogen. Gemischte Züge waren damals häufig anzutreffen. (1905)

Der am 7. bis 8. Januar im Schnee steckengebliebene Personenzug in Cranzahl (Strecke Cranzahl - Annaberg).

93124   Verlag Magnus Bach, Cranzahl.

Winter im Erzgebirge

Aufnahmen aus dem Jahre 1905 von der Strecke Weipert-Annaberg: ein steckengebliebener Personenzug, mühevolles Freischaufeln der Gleise und Abtransport der Schneemassen. Bilder, die für sich sprechen.

Beseitigung der Schneemassen in Sehma Mitte Februar 1905
(Strecke Cranzahl-Annaberg)

Verwehter grosser Einschnitt
Strecke Cranzahl-Weipert vom 3. bis 7. Februar 1905
mit Schneezug.

Richtung Weipert.

930=1 Photographie u. Verlag Magnus Bach, Cranzahl. Nachdruck verboten.

Blick auf Weipert.

Bahnhof Bärenstein,

am 3.8.1872 zunächst als Personenhaltestelle eröffnet. 1889 erfolgte eine Erweiterung und gleichzeitige Umwandlung in eine Personen- und Güterverkehrsstelle. Im Hintergrund sind die Grenzbrücke und Weipert zu erkennen. Der in Richtung Annaberg ausfahrende Zug wird von einer sä IIIb V gezogen.(1913)

Abgefertigte Personen:	30019
Bedeutung im Personenverkehr:	Platz 445
Kohlenbezug:	2965 t
Güterempfang:	17762 t
Güterversand:	5315 t
Bedeutung im Güterverkehr:	Platz 336
Zuständige Betriebsdirektion:	Chemnitz
Einwohner des Ortes:	4394
Amtshauptmannschaft:	Annaberg

1-B Verbund-Personenzuglokomotive IIIb V der Sächsischen Staatseisenbahn
Erbaut von der Sächsischen Maschinen-Fabrik vorm. Rich. Hartmann, Chemnitz 1892.

Personenzuglokomotive IIIb V, Betriebsnummer 518

Erbaut: 1892 von
der Sächs. Maschinenfabrik, vormals R. Hartmann
Maximale Geschwindigkeit: 75 km/h
Kesselüberdruck: 12 bar
Treibraddurchmesser: 1560 mm
Gewicht leer: 37,2 t
Ausgemustert   1923

Weipert—Annaberg 53

Bahnhof Rauenstein
Lengefeld i. Erzgeb.

Haltestelle Rauenstein.

Das Empfangsgebäude wurde 1890 errichtet. Die heutige Bezeichnung der Haltestelle: Lengefeld-Rauenstein.

Abgefertigte Personen:	45 470
Bedeutung im Personenverkehr:	Platz 365
Güterempfang:	57 t
Güterversand:	135 t
Bedeutung im Güterverkehr:	Platz 772
Zuständige Betriebsdirektion:	Chemnitz
Einwohner des Ortes:	Ortsteil von Lengefeld
Amtshauptmannschaft:	Marienberg

ZÖBLITZ i. Erzgeb.   Bahnhof mit Oberlauterstein.

Bahnhof Zöblitz,
idyllisch an der Strecke Reitzenhain-Flöha
gelegen und am 24.5.1875 mit dem Abschnitt
Marienberg-Flöha eröffnet. 1884 wurde die
Gleisanlage erweitert, das Empfangsgebäude
erhielt einen Anbau. Am 14.11.1914 erfolgte die
Umbenennung in Zöblitz-Pobershau. (1914)

Bedeutung im Personenverkehr:	Platz 325
Kohlenbezug:	5 724 t
Güterempfang:	20 038 t
Güterversand:	17 231 t
Bedeutung im Güterverkehr:	Platz 259
Zuständige Betriebsdirektion:	Chemnitz
Einwohner des Ortes:	2 407
Amtshauptmannschaft:	Marienberg

Abgefertigte Personen: 53 768

Bahnhof MARIENBERG i. Erzgeb.
589 m ü. O.

Bahnhof Marienberg,
mit dem Abschnitt Marienberg—Flöha am
24.5.1875 eröffnet. (1915)

Abgefertigte Personen:	73 696
Bedeutung im Personenverkehr:	Platz 265
Kohlenbezug:	17 374 t

Güterempfang:	50 277 t
Güterversand:	15 359 t
Bedeutung im Güterverkehr:	Platz 154
Zuständige Betriebsdirektion:	Chemnitz
Einwohner des Ortes:	7 762
Amtshauptmannschaft:	Marienberg

966

Frachtbrief

An *Herrn Bäckermeister*
Bernhard Hahn

in

(Straße und Hausnummer)

Station *Marienberg*

der *Eisenbahn*

Des Wagens			
Nummer	Eigenthums-Merkmal	Ladegewicht kg	Ladefläche qm
10135	K.S		
Fracht-tarife Nr.	G		
Pol.			

Etwa beantragter Transportweg

Sie empfangen die nachstehend verzeichneten Güter auf Grund der Bestimmungen der Eisenbahn=Verkehrsordnung und der für diese Sendung in Anwendung kommenden Tarife.

Zeichen und Nummer	Anzahl	Art der Verpackung	Inhalt	Wirkliches Brutto-Gewicht Kilogramm	Abgerundetes zur Berechnung zu ziehendes Gewicht Kilogramm
	22	Sack	Weizenmehl 00	1650	
	2	„	Roggenmehl 0	150	
	6	„	„ 1	450	5000
	5	„	Gangmehl 1	375	
	4	„	„ 2	300	
	18	„	Kleie 1	900	
	57	„		3825	

Vorgeschriebene oder zulässige Erklärungen (s. namentlich Verkehrs-ordnung §. 52 (5), 53 (3), 55 (2, 3), 57, 58, 59, 77 Ziff. 1, 2, 3, 6 und Anl. B

Interesse an der Lieferung

Nachnahme
- Baar-Vorschuß
- nach Eingang
- Einzelnachweis obiger Nachnahme

in Buchstaben

Alexander verladen

Frankatur-Vermerk des Absenders

Wird Duplikat (Aufnahmeschein) beantragt?

Görsdorf den 11ten *Octbr.* 18..
b. Pockau

Unterschrift des Absenders

C. G. Hübler,
Mühle, Papier- u. Holzstoff-Fabrik.

Duplikat- (Aufnahmeschein) Stempel

Vordruck Nr. 1926.
III. 01.

HALTESTELLE GELOBTLAND.

Haltestelle Gelobtland,
mit dem Abschnitt Marienberg—Reitzenhain am
12.7.1875 eröffnet. Ab 1.10.1978 wurde auf
dieser Strecke der Personenverkehr eingestellt.
Der spätere Name der Haltestelle: Marienberg-
Gelobtland. Vor dem Güterzug eine sä. VV.

Abgefertigte Personen:	5 003
Bedeutung im Personenverkehr:	Platz 678

Kohlenbezug:	1890 t
Güterempfang:	8 999 t
Güterversand:	1774 t
Bedeutung im Güterverkehr:	Platz 478
Zuständige Betriebsdirektion:	Chemnitz
Einwohner des Ortes:	Ortsteil von Marienberg
Amtshauptmannschaft:	Marienberg

Bahnhof Reitzenhain, Erzgeb.

Bahnhof Reitzenhain.

Böhmische Kohle für Sachsen! Fast zeitgleich mit der Eröffnung der Strecke Reitzenhain—Flöha hatte die Buschtehrader Eisenbahngesellschaft (BEB) die böhmische Strecke Krima (Krimov)—Reitzenhain fertiggestellt, so daß man ab 25.8.1875 von Chemnitz nach Komotau (Chomutov) per Bahn reisen konnte. Die Buschtehrader Eisenbahn entstand 1855 aus den Kohlenbahnen im Kohlenrevier Buschtehrad. Zur Jahrhundertwende betrieb die BEB als eine der letzten großen Privatbahnen Österreichs ein Netz von ca. 465 km Länge. 1923 wurde sie verstaatlicht und in die ČSD eingegliedert. Die Abbildung zeigt den Grenzbahnhof Reitzenhain, zugleich auch Zollstation, um 1910.

Abgefertigte Personen:	37879
Bedeutung im Personenverkehr:	Platz 410
Kohlenbezug:	2620 t
Güterempfang:	13795 t
Güterversand:	29643 t
Bedeutung im Güterverkehr:	Platz 225
Zuständige Betriebsdirektion:	Chemnitz
Einwohner des Ortes:	791
Amtshauptmannschaft:	Marienberg

Sächsische Personenzuglok IIIb, Betriebsnummer
339, der ehemals Chemnitz-Komotauer-Eisenbahn
Nr. 2.

Erbaut: 1874 von
 der Sächs. Maschinenfabrik, vormals R. Hartmann
Maximale Geschwindigkeit: 70 km/h
Kesselüberdruck: 8,5 bar
Treibraddurchmesser: 1525 mm
Gewicht ohne Tender: 31,2 t
Ausgemustert: 1923

Olbernhau i. S. Bahnhof.

Bahnhof Olbernhau.

Er liegt an der 22 km langen Strecke Pockau—Lengefeld—Neuhausen und wurde am 24.5.1875 mit dem Abschnitt Pockau—Lengefeld—Olbernhau eröffnet. Am Schlußwagen des in Richtung Neuhausen fahrenden Personenzuges sind deutlich die beiden Oberwagenscheiben und die Schlußscheibe (unten) zu erkennen. 1927 wurde von Olbernhau nach Deutschneudorf eine weitere Bahnlinie in Betrieb genommen. (1913)

Abgefertigte Personen:	143 728
Bedeutung im Personenverkehr:	Platz 144
Kohlenbezug:	14 865 t
Güterempfang:	70 620 t
Güterversand:	57 124 t
Bedeutung im Güterverkehr:	Platz 74
Zuständige Betriebsdirektion:	Chemnitz
Einwohner des Ortes:	9 681
Amtshauptmannschaft:	Marienberg

Bahnhof Kupferhammer – Grünthal, Erzgeb.

Bahnhof Kupferhammer-Grünthal,

am 1.10.1895 mit dem Abschnitt Olbernhau-
Neuhausen eröffnet. Das Empfangs-und Wirt-
schaftsgebäude ist ein typischer, in den 90er
Jahren des letzten Jahrhunderts beim Bahnbau in
Sachsen verbreiteter Standardbau. Der heutige
Name der Station: Olbernhau-Grünthal

Abgefertigte Personen: 52746

Bedeutung im Personenverkehr:	Platz 330
Kohlenbezug:	8744 t
Güterempfang:	27606 t
Güterversand:	39727 t
Bedeutung im Güterverkehr:	Platz 151
Zuständige Betriebsdirektion:	Chemnitz
Einwohner des Ortes:	496
Amtshauptmannschaft:	Marienberg

Bahnhof Brand i. Sa.

Bahnhof Brand,

an der Strecke Freiberg-Berthelsdorf-Langenau gelegen und mit dem Abschnitt Berthelsdorf—Großhartmannsdorf am 15.7.1890 eröffnet. Am gleichen Tag wurde auch die Linie von Brand nach Langenau in Betrieb genommen. Nachdem am 1.4.1912 der Zusammenschluß von Erbisdorf und Brand vollzogen war, erfolgte auch die Umbenennung des Bahnhofes in Brand-Erbisdorf. (1907)

Abgefertigte Personen:	67 326
Bedeutung im Personenverkehr:	Platz 282
Kohlenbezug:	28 589 t
Güterempfang:	51 602 t
Güterversand:	12 550 t
Bedeutung im Güterverkehr:	Platz 160
Zuständige Betriebsdirektion:	Dresden-Altstadt
Einwohner des Ortes:	5 347 mit Erbisdorf zusammen
Amtshauptmannschaft:	Freiberg

Gasthof am Bahnhof

Concert-Ball-Saal.

Bahnhof

Gruss aus Grosshartmannsdorf i. Sa.

Verlag von Albin König, Jahnsbach 1906

Bahnhof Großhartmannsdorf,
als Endpunkt der Strecke Berthelsdorf—Großhartmannsdorf mit dieser am 15.7.1890 eröffnet. Der
aus Richtung Brand eingefahrene Zug wird von
einer sä. IIIb T gezogen. Die Strecke wurde 1973
stillgelegt.

Abgefertigte Personen:	27736
Bedeutung im Personenverkehr:	Platz 456
Kohlenbezug:	4608 t
Güterempfang:	12896 t
Güterversand:	3163 t
Bedeutung im Güterverkehr:	Platz 409
Zuständige Betriebsdirektion:	Dresden-Altstadt
Einwohner des Ortes:	1928
Amtshauptmannschaft:	Freiberg

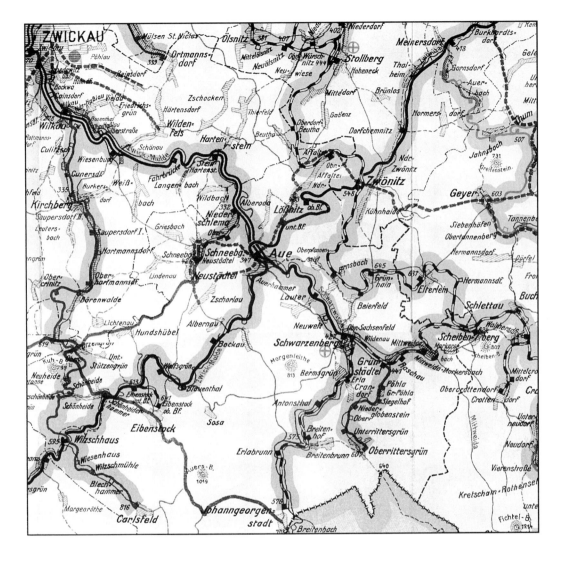

Kartenausschnitt mit dem Verlauf der Strecken Schwarzenberg—Zwickau, Niederschlema—Schneeberg—Neustädtel, Johanngeorgenstadt—Schwarzenberg, Buchholz—Schwarzenberg, Walthersdorf—Crottendorf und Zwönitz—Scheibenberg.

Gruss aus Zwickau i. S. ... *Bahnhof.*

Bahnhof Zwickau.

Mit der Eröffnung des Streckenabschnittes
Zwickau—Werdau am 6.9.1845 erhielt die Stadt
Zwickau Bahnanschluß. Die sich stark entwickeln-
de heimische Industrie wirkte sich vor allem auch
auf den Eisenbahnverkehr aus. Die Statistik
belegt, daß der Bahnhof Zwickau verkehrsreich-
ster Bahnhof nicht nur Sachsens, sondern darüber
hinaus ganz Deutschlands war. Das Empfangsgebäude wurde 1858 errichtet und 1877 erweitert. Das Foto zeigt das Eingangsportal um die
Jahrhundertwende. (1900)

Abgefertigte Personen:	1 933 795
Bedeutung im Personenverkehr:	Platz 6
Kohlenbezug:	222 995 t
Güterempfang	715 133 t
Güterversand:	2 580 893 t
Bedeutung im Güterverkehr:	Platz 1
Zuständige Betriebsdirektion:	Zwickau
Einwohner des Ortes:	7 542
Amtshauptmannschaft:	Zwickau

Schedewitz
Bahnhof

Haltepunkt Schedewitz,
am 15.5.1880 an der Strecke Schwarzenberg—
Zwickau eröffnet. (1915)

Güterempfang:		136 t
Güterversand:		126 t
Bedeutung im Güterverkehr:		Platz 762
Abgefertigte Personen:	148 969	Zuständige Betriebsdirektion:	Zwickau
Bedeutung im Personenverkehr:	Platz 138	Einwohner des Ortes:	5897
Kohlenbezug:	2083 t	Amtshauptmannschaft:	Zwickau

Bahnhof Wilkau,
mit der Strecke Schwarzenberg—Cainsdorf am
15.5.1858 eröffnet und bis 1869 nur Personenhaltestelle. Ab 1881 kam die Schmalspurbahn
Wilkau—Kirchberg hinzu. Das abgebildete
Empfangsgebäude wurde 1895 errichtet, ebenso
die Straßenüberführung (im Bild rechts hinten).

Abgefertigte Personen: 344 223

Bedeutung im Personenverkehr:	Platz 57
Kohlenbezug:	15 820 t
Güterempfang:	47 451 t
Güterversand:	42 367 t
Bedeutung im Güterverkehr:	Platz 112
Zuständige Betriebsdirektion:	Zwickau
Einwohner des Ortes:	8 122
Amtshauptmannschaft:	Zwickau

Eisenbahnunfall zwischen Hartenstein und Niederschlema am 13. Juli 1905. Die Unfallok ist eine sä. IIIb.

Unfallbericht im Annaberger Wochenblatt, 1905

Schwarzenberg—Zwickau 69

Bahnhof Niederschlema,

mit der Strecke Schwarzenberg—Zwickau am
15.5.1858 eröffnet. Der Bahnhof (heute Schlema
unt. Bf) war außerdem Ausgangspunkt der 5 km
langen Strecke Niederschlema—Schneeberg—
Neustädtel, die am 19.9.1859 in Betrieb genommen wurde. Das Stationsgebäude wurde in
Verbindung mit der Bahnhofserweiterung
errichtet und 1900 eingeweiht. (1913)

Abgefertigte Personen:	112 284
Bedeutung im Personenverkehr:	Platz 181
Kohlenbezug:	34 465 t
Güterempfang	82 234 t
Güterversand:	42 205 t
Bedeutung im Güterverkehr:	Platz 76
Zuständige Betriebsdirektion:	Zwickau
Einwohner des Ortes:	2 607
Amtshauptmannschaft:	Schwarzenberg

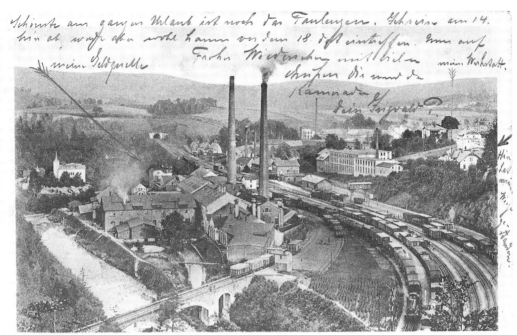

Niederschlema i/Erzgeb. Bahnhof u. Umgebung

Blick auf den Bahnhof Niederschlema und Umgebung

Im Hintergrund der Tunnel zwischen Schlema und Aue. Er entstand in Verbindung mit dem zweigleisigen Streckenausbau und dem Umbau des Bahnhofes Niederschlema. Die Arbeiten am Tunnel begannen im Oktober 1898, eröffnet wurde er im Juli 1900. (1917)

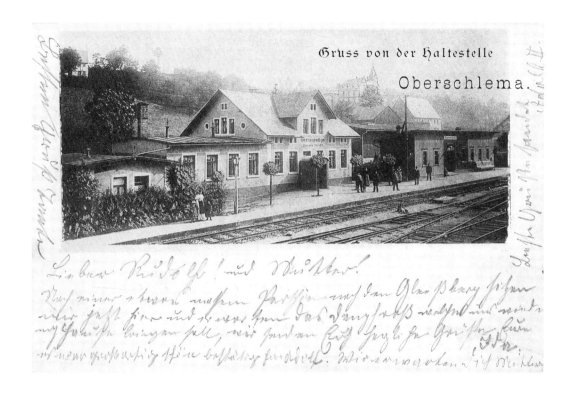

Gruss von der Haltestelle
Oberschlema.

Haltestelle Oberschlema,
am 1.2.1860 an der Strecke Niederschlema—
Schneeberg—Neustädtel eröffnet. Die Personen-
wartehalle, rechts neben der Bahnhofs-
restauration, wurde 1890 errichtet. (1899)

Abgefertigte Personen:	25 378
Bedeutung im Personenverkehr:	Platz 472

Kohlenbezug:	17 234 t
Güterempfang	32 012 t
Güterversand:	8 100 t
Bedeutung im Güterverkehr:	Platz 237
Zuständige Betriebsdirektion:	Zwickau
Einwohner des Ortes:	2479
Amtshauptmannschaft:	Schwarzenberg

Bahnhof   Schneeberg – Neustädtel

Bahnhof Schneeberg-Neustädtel,
Endpunkt der 1859 eröffneten Strecke
Niederschlema—Schneeberg. Den Bahnhof gibt
es heute nicht mehr.

Abgefertigte Personen:	59 964	Güterempfang:	44 011 t
Bedeutung im Personenverkehr:	Platz 306	Güterversand:	7 831 t
Kohlenbezug:	22 985 t	Bedeutung im Güterverkehr:	Platz 189
		Zuständige Betriebsdirektion:	Zwickau
		Einwohner des Ortes:	9 382 für
			Schneeberg
		Amtshauptmannschaft:	Schwarzenberg

Niederschlema—Schneeberg—Neustädtel   73

Bahnhof Aue,

mit der Strecke Schwarzenberg—Zwickau eröffnet. Nach Fertigstellung der Chemnitz-Adorfer-Strecke wurde er 1875 zum Kreuzungsbahnhof beider Linien. Noch im gleichen Jahr errichtete man ein neues Empfangsgebäude. 1890 wurde angebaut und vergrößert.

Abgefertigte Personen:	638294
Bedeutung im Personenverkehr:	Platz 22
Kohlenbezug:	73665 t
Güterempfang:	191838 t
Güterversand:	96170 t
Bedeutung im Güterverkehr:	Platz 32
Zuständige Betriebsdirektion:	Zwickau
Einwohner des Ortes:	19363
Amtshauptmannschaft:	Schwarzenberg

Lauter i. *Erzgeb.* *Bahnhof*

Bahnhof Lauter,

mit der Strecke Schwarzenberg-Zwickau am 15.5.1858 zunächst als Personenhaltepunkt eröffnet und 1871 zur Güterstation erweitert. 1878 wurde das Stationsgebäude vergrößert, weitere umfangreiche Baumaßnahmen folgten 1887/88. (1908)

Abgefertigte Personen:	112672
Bedeutung im Personenverkehr:	Platz 180
Kohlenbezug:	32421 t
Güterempfang	70483 t
Güterversand:	30975 t
Bedeutung im Güterverkehr:	Platz 96
Zuständige Betriebsdirektion:	Zwickau
Einwohner des Ortes:	6001
Amtshauptmannschaft:	Schwarzenberg

Schwarzenberg i. Erzgeb. Bahnhof.

Bahnhof Schwarzenberg,

Endpunkt der von Zwickau ausgehenden Strecke, am 15.5.1858 mit dem Abschnitt Cainsdorf-Schwarzenberg eröffnet. Hinzu kamen 1883 die Strecke von Johanngeorgenstadt und 1889 die Strecke von Buchholz, die beide hier in Schwarzenberg endeten. 1899 mußte der Bahnhof nochmals umgebaut und erweitert werden. Im Bild der Bahnhofsvorplatz mit dem Empfangsgebäude (rechts) und dem Postgebäude. (1903)

Abgefertigte Personen:	247 967
Bedeutung im Personenverkehr:	Platz 81
Kohlenbezug:	27 121 t
Güterempfang:	123 381 t
Güterversand:	32 601 t
Bedeutung im Güterverkehr:	Platz 58
Zuständige Betriebsdirektion:	Zwickau
Einwohner des Ortes:	6830
Amtshauptmannschaft:	Schwarzenberg

Schwarzenberg, Schloss (mit Eisenbahntunnel)

Schwarzenberg, Blick auf das Schloß

Ein Zug, voran eine sä. VT, verläßt gerade den Schloßbergtunnel in Richtung Johanngeorgenstadt. Seit dem zweigleisigen Ausbau der Strecke zur Wismut-Zeit wurde der Schloßberg umfahren und dieser Tunnel nicht mehr benötigt.

Breitenhof bei
Breitenbrunn i. sächs. Erzgebirge

Bahnhof Breitenhof,

mit der 17 km langen Strecke Johanngeorgenstadt—Schwarzenberg am 20.9.1883 eröffnet.
1934 kam Breitenhof zu Breitenbrunn, was auch
eine Umbenennung des Bahnhofes zur Folge
hatte.

Abgefertigte Personen:	33 005
Bedeutung im Personenverkehr:	Platz 432
Kohlenbezug:	1905 t
Güterempfang:	10 404 t
Güterversand:	11 758 t
Bedeutung im Güterverkehr:	Platz 342
Zuständige Betriebsdirektion:	Zwickau
Einwohner des Ortes:	198
Amtshauptmannschaft:	Schwarzenberg

Gruss aus Johanngeorgenstadt Den 12. Juni 1903.

Bahnhof Johanngeorgenstadt,
Endpunkt der von Schwarzenberg ausgehenden
Strecke, am 20.9.1883 eröffnet. Die Einführung
der österreichischen Bahnlinie Karlsbad—Johanngeorgenstadt erforderte 1898 den Ausbau zum
Grenzbahnhof mit Zollabfertigung. Am 1.4.1899
wurde der Zugverkehr nach Böhmen zunächst für
den beschränkten Wagenladungsverkehr eröffnet,
einen Monat darauf für den Gesamtverkehr. Im
Bild ein Personenzug mit einer sä. IIIb T in
Richtung Schwarzenberg. (1906)

Abgefertigte Personen:	80861
Bedeutung im Personenverkehr:	Platz 248
Kohlenbezug:	10110 t
Güterempfang:	28518 t
Güterversand:	18785 t
Bedeutung im Güterverkehr:	Platz 211
Zuständige Betriebsdirektion:	Zwickau
Einwohner des Ortes:	6188
Amtshauptmannschaft:	Schwarzenberg

Gruss aus dem Erzgebirge

Bahnhof Raschau

Bahnhof Raschau,
an der 24 km langen Strecke von Buchholz nach
Schwarzenberg gelegen und mit dem Abschnitt
Buchholz—Grünstädtel am 1.12.1889 eröffnet.
Zuletzt nur noch Haltepunkt.

Abgefertigte Personen:	30 405
Bedeutung im Personenverkehr:	Platz 442

Kohlenbezug:	2 274 t
Güterempfang:	6 082 t
Güterversand:	1 994 t
Bedeutung im Güterverkehr:	Platz 524
Zuständige Betriebsdirektion:	Zwickau
Einwohner des Ortes:	3 171
Amtshauptmannschaft:	Schwarzenberg

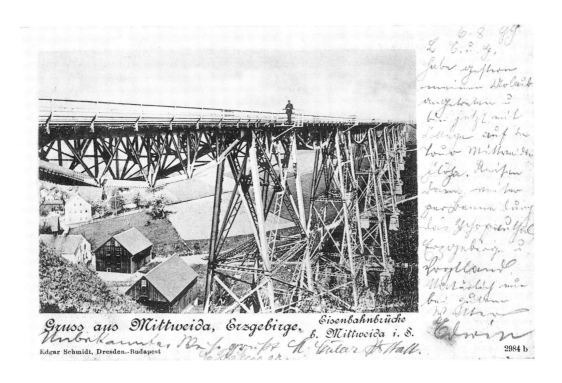

Gruss aus Mittweida, Erzgebirge.
Eisenbahnbrücke b. Mittweida i. S.

Edgar Schmidt, Dresden.-Budapest

2984 b

Der Standort dieser Brücke ist nicht, wie auf der Karte fälschlich angegeben, Mittweida, sondern die Gemarkung Markersbach. Errichtet wurde die 237 m lange und ca. 37 m hohe Brücke in den Jahren 1887/88. Das Gewicht der Eisenkonstruktion beträgt etwa 506 t. Die Baukosten beliefen sich auf 248 778 Mark.

SCHLETTAU i. Erzgeb.   Bahnhof

Bahnhof Schlettau,

mit dem Abschnitt Buchholz—Grünstädtel am
1.12.1889 eingeweiht. Ab 1900 kam die Strecke
Zwönitz—Scheibenberg hinzu, womit eine
Erweiterung der Anlagen verbunden war. (1909)

Kohlenbezug:	8 014 to
Güterempfang:	15 644 to
Güterversand:	4 954 to
Bedeutung im Güterverkehr:	Platz 359
Zuständige Betriebsdirektion:	Chemnitz

Abgefertigte Personen:	76 957
Bedeutung im Personenverkehr:	Platz 254
Einwohner des Ortes:	3 527
Amtshauptmannschaft:	Annaberg

Zugsentgleisung am 22. Januar 1913 in Crottendorf

Otto Peusche',

*— **Eisenbahnunfall bei Crottendorf.** Der heute morgen 7,45 Uhr von Obercrottendorf nach Annaberg abgegangene gemischte Personenzug entgleiste infolge starker Schneewehen zwischen Ober- u. Mittelcrottendorf. Hierbei sprangen 3 Wagen (je 1 Pack-, Post- und Personenwagen 4. Klasse) aus den Gleisen und ebenso die Lokomotive. Letztere geriet auf den Bahndamm in eine derartige Stellung, daß sie abzustürzen drohte. Sie war den halben Bahndamm herabgerutscht und würde in die Zschopau gefallen sein, wenn sie 8 Meter weiter abseits gekommen wäre. Der Bahnverkehr war infolge des Unfalles, bei welchem gottlob Menschen nicht verletzt worden sind, zum Teil unterbunden und ruhte gänzlich zwischen Mittel- und Obercrottendorf selbst noch während der Nachmittagsstunden. Von Mittelcrottendorf an konnte derselbe aufrecht erhalten werden. Gegen 9 Uhr war bereits eine Hilfslokomotive an Ort und Stelle eingetroffen, der mittags ein Hilfszug aus Chemnitz und sodann weitere Hilfsarbeiter aus Zwickau folgten. — Der Materialschaden ist ganz gering.

Eisenbahnunglück am 22. Januar 1913 in Crottendorf. Die entgleiste Lokomotive war die VT, Nr. 1656

Unfallbericht in der Obererzgebirgischen Zeitung

Bahnhof

Elterlein, d. 13.9.05.

Verlag B. Kretschmann, Elterlein

Bahnhof Elterlein,

mit der 26 km langen Strecke Zwönitz—
Scheibenberg am 30.4.1900 eingeweiht. 1966
wurde der Streckenabschnitt Elterlein—Scheibenberg stillgelegt. (1905)

Abgefertigte Personen: 47 304
Bedeutung im Personenverkehr: Platz 355

Kohlenbezug: 4071 t
Güterempfang: 9656 t
Güterversand: 3375 t
Bedeutung im Güterverkehr: Platz 444
Zuständige Betriebsdirektion: Chemnitz
Einwohner des Ortes: 2481
Amtshauptmannschaft: Annaberg

Bahnhof Beierfeld,

mit der Strecke Zwönitz—Scheibenberg errichtet und am 1.5.1900 eingeweiht. Zunächst nur Haltestelle mit Hilfsgüterabfertigung, ab 1908 Bahnhof. In Verbindung mit ständigen Erweiterungen entwickelte sich der Bahnhof zur größten Station auf dieser Strecke. Im Jahre 1947 wurde die gesamte Bahnstrecke bis Elterlein als Reparationsleistung demontiert. Die Abbildung zeigt das Bahnpersonal vor dem Empfangsgebäude. (1914)

Abgefertigte Personen:	13017
Bedeutung im Personenverkehr:	Platz 600
Kohlenbezug:	2268 t
Güterempfang:	18616 t
Güterversand:	3255t
Bedeutung im Güterverkehr:	Platz 345
Zuständige Betriebsdirektion:	Chemnitz
Einwohner des Ortes:	3437
Amtshauptmannschaft:	Schwarzenberg

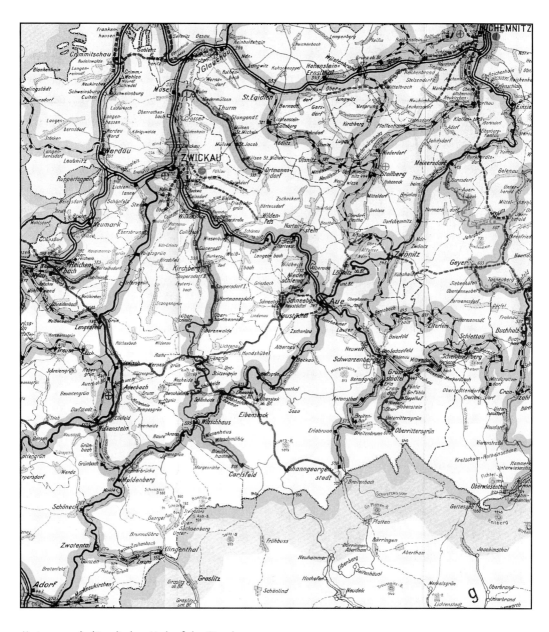

Kartenausschnitt mit dem Verlauf der Strecken
Chemnitz—Adorf und Zwota—Klingenthal

Dittersdorf i. Erzg.   Bahnhof

Bahnhof Dittersdorf,
mit der Strecke Chemnitz—Aue—Adorf am
15.11.1875 eröffnet. Links im Bild der Bahnhof,
rechts die Aktien-Filzfabrik. (1917)

Abgefertigte Personen:	171 373
Bedeutung im Personenverkehr:	Platz 118
Kohlenbezug:	9 268 t
Güterempfang:	18 776 t
Güterversand:	9 228 t
Bedeutung im Güterverkehr:	Platz 300
Zuständige Betriebsdirektion:	Chemnitz
Einwohner des Ortes:	2 458
Amtshauptmannschaft:	Flöha

Bahnhof Meinersdorf,

am 15.10.1880 zunächst als Haltestelle mit
kleinem Stations- und Nebengebäude eröffnet.
In Verbindung mit der Inbetriebnahme der
Schmalspurstrecke Thum—Meinersdorf am
1.10.1911 war der Bahnhof entsprechend
erweitert worden. Zu diesem Zeitpunkt entstand
auch das abgebildete Empfangsgebäude. 1975
wurde die Schmalspurstrecke stillgelegt.

Abgefertigte Personen:	92817
Bedeutung im Personenverkehr:	Platz 216
Kohlenbezug:	11118 t
Güterempfang:	39663 t
Güterversand:	1859 t
Bedeutung im Güterverkehr:	Platz 232
Zuständige Betriebsdirektion:	Chemnitz
Einwohner des Ortes:	1948
Amtshauptmannschaft:	Chemnitz

Thalheim i. Erzgeb. Blick über den Bahnhof.

Thalheim

bekam 1875 Bahnanschluß und liegt an der Linie
Chemnitz—Aue—Adorf. Das alte Stationsgebäude
im Hintergrund der Abbildung wurde 1883
vergrößert. Ein neues Stationsgebäude wurde
1920 eingeweiht. Der Güterzug mit einer sä. V
fährt in Richtung Meinersdorf aus.

Abgefertigte Personen:	141 839
Bedeutung im Personenverkehr:	Platz 146
Kohlenbezug:	11 210 t
Güterempfang:	36 001 t
Güterversand:	2 816 t
Bedeutung im Güterverkehr:	Platz 245
Zuständige Betriebsdirektion:	Chemnitz
Einwohner des Ortes:	7 711
Amtshauptmannschaft:	Stollberg

Bahnhof

Gruss aus Dorfchemnitz.

Bahnhof Dorfchemnitz,
am 15.11.1875 an der Strecke Chemnitz—Aue—
Adorf eröffnet. 1877 wurde das Wirtschaftsgebäude errichtet. Am Empfangsgebäude hat sich bis
heute kaum etwas verändert. Heute ist
Dorfchemnitz nur noch Haltepunkt. (1917)

Abgefertigte Personen:	81 208
Bedeutung im Personenverkehr:	Platz 247
Kohlenbezug:	3532 t
Güterempfang:	10 297 t
Güterversand:	2130 t
Bedeutung im Güterverkehr:	Platz 452
Zuständige Betriebsdirektion:	Chemnitz
Einwohner des Ortes:	1601
Amtshauptmannschaft:	Stollberg

Zwönitz i. Sa.
Bahnhof

Bahnhof Zwönitz

liegt an der Strecke Chemnitz—Aue—Adorf und wurde am 15.11.1875 eingeweiht. Mit dem Streckenneubau Zwönitz—Stollberg im Jahre 1889 wurden Empfangsgebäude und Gleisanlage erweitert. 1900 kam noch die Strecke Zwönitz—Scheibenberg hinzu. Damit war eine erneute Erweiterung der Gleisanlage erforderlich. Die Abbildung zeigt das Empfangsgebäude des Bahnhofs von der Streckenseite Chemnitz—Aue aus gesehen. (1911)

Abgefertigte Personen:	145 547
Bedeutung im Personenverkehr:	Platz 141
Kohlenbezug:	11 440 t
Güterempfang:	34 000 t
Güterversand:	8 440 t
Bedeutung im Güterverkehr:	Platz 230
Zuständige Betriebsdirektion:	Chemnitz
Einwohner des Ortes:	3 633
Amtshauptmannschaft:	Stollberg

Bahnhof Bockau,

mit dem Abschnitt Aue—Schöneck am 7.9.1875 eröffnet. Der Güterschuppen wurde 1882 bei einem schweren Sturm völlig zerstört und noch im gleichen Jahr wieder aufgebaut. Die Aufnahme aus dem Jahre 1915 zeigt die Belegschaft vor dem Empfangsgebäude.

Abgefertigte Personen:	71044
Bedeutung im Personenverkehr:	Platz 273
Kohlenbezug:	20883 t
Güterempfang:	44548 t
Güterversand:	16950 t
Bedeutung im Güterverkehr:	Platz 169
Zuständige Betriebsdirektion:	Zwickau
Einwohner des Ortes:	3984
Amtshauptmannschaft:	Schwarzenberg

Gruss vom Bahnhof Wolfsgrün.

1353 Aug. Ludwig Stoss, Crimmitschau.

Bahnhof Wolfsgrün,

einst ein idyllisches Kleinod, an der Strecke
Chemnitz—Aue—Adorf gelegen und mit dem
Abschnitt Aue—Schöneck am 7.9.1875 eröffnet.
Im Verlauf des Talsperrenbaus Eibenstock wurde
die Strecke Wolfsgrün—Schönheide/Ost unterbro-
chen. Schon vorher war der Bahnhof unbesetzt.
1975 wurde der Abschnitt von Blauenthal nach
Wolfsgrün stillgelegt. (1899)

Abgefertigte Personen:	14035
Bedeutung im Personenverkehr:	Platz 591
Kohlenbezug:	8589 t
Güterempfang:	24218 t
Güterversand:	10921 t
Bedeutung im Güterverkehr:	Platz 266
Zuständige Betriebsdirektion:	Zwickau
Einwohner des Ortes:	167
Amtshauptmannschaft:	Schwarzenberg

Schönheiderhammer.

Nr. 3331. Kunstanstalt Löffler & Co. Greiz Geschmacksmusterschutz 1906

Bahnhof Schönheiderhammer,

an der Strecke Chemnitz—Adorf am 7.9.1875
eröffnet. Das Empfangsgebäude wurde 1884
umgebaut und erweitert. Bis zum 1.2.1891
nannte sich die Station Schönheide, danach
Schönheider Hammer, ab 21.5.1910 Schönheiderhammer und zuletzt Schönheide Ost. Der Ort
Schönheide besaß schon einmal 5 Haltestellen
der Eisenbahn. (1906)

Abgefertigte Personen: 57 388

Bedeutung im Personenverkehr:	Platz 317
Kohlenbezug:	11 281 t
Güterempfang:	27 376 t
Güterversand:	11 224 t
Bedeutung im Güterverkehr:	Platz 246
Zuständige Betriebsdirektion:	Zwickau
Einwohner des Ortes:	1 111 von
	Schöheiderhammer
Amtshauptmannschaft:	Schwarzenberg

Wiltzschhaus, Erzg.

Verlag v. C. Stopp, Aue.

Bahnhof Wiltzschhaus,

mit dem Streckenabschnitt Aue—Schöneck am 7.9.1875 eröffnet. Der Bau einer Schmalspurbahn von Saupsdorf nach Wiltzschhaus im Jahre 1893 erforderte eine entsprechende Erweiterung dieser Haltestelle. Auch das auf der Karte abgebildete Empfangsgebäude wurde zu diesem Zeitpunkt errichtet. 1900 wurde dann die Haltestelle zum Bahnhof (ab 1950 Schönheide-Süd) erhoben.

Abgefertigte Personen:	51355
Bedeutung im Personenverkehr:	Platz 338
Kohlenbezug:	1834 t
Güterempfang:	30456 t
Güterversand:	47869 t
Bedeutung im Güterverkehr:	Platz 131
Zuständige Betriebsdirektion:	Zwickau
Einwohner des Ortes:	Ortsteil von Schönheiderhammer
Amtshauptmannschaft:	Schwarzenberg

Bahnhof Schöneck i. Vogtld. (768 Mt. über N. S.)

Höchster Punkt der Bahnlinie Chemnitz-Aue-Adorf bei Schöneck

Bahnhof Schöneck i.V.,

mit der Strecke Chemnitz—Aue—Adorf im Jahre 1875 eröffnet. Im Bild unten eine sä. V am Brechpunkt dieser Linie bei Schöneck. (1910)

Abgefertigte Personen:	74751	Güterempfang:	20078 t
Bedeutung im Personenverkehr:	Platz 256	Güterversand:	16503 t
Kohlenbezug:	7424 t	Bedeutung im Güterverkehr:	Platz 261
		Zuständige Betriebsdirektion:	Zwickau
		Einwohner des Ortes:	4676
		Amtshauptmannschaft:	Oelsnitz i.V.

Gruss vom Bahnhof Zwota, 675 m ü. Ostsee.

Bahnhof Zwota,

mit dem Streckenabschnitt Schöneck—Adorf am
15.11.1875 eingeweiht. Im Dezember gleichen
Jahres wurde auch die Strecke nach Klingenthal
in Betrieb genommen. Mit der Einführung des
Durchgangsbetriebes von Falkenstein über Zwota
nach Klingenthal erfolgte 1892 eine Erweiterung
des Bahnhofes, der nun zum Inselbahnhof wurde.
Am 1.5.1909 in Zwotental umbenannt. Rechts im
Bild ein Zug mit einer sä. IVT. (1907)

Abgefertigte Personen:	38 130
Bedeutung im Personenverkehr:	Platz 408
Kohlenbezug:	464 t
Güterempfang:	2 112 t
Güterversand:	1 837 t
Bedeutung im Güterverkehr:	Platz 629
Zuständige Betriebsdirektion:	Zwickau
Einwohner des Ortes:	2 964
Amtshauptmannschaft:	Auerbach

²/₄ gekuppelte Personenzugs-Tender-Lokomotive
Erbaut v. d. Sächs. Maschinenfabrik zu Chemnitz vorm. Rich. Hartmann, 1907.
Dienstgewicht 59100 kg.

Personenzugtenderlok sä. IV T,
Betriebsnummer 1780

Erbaut: 1907 von
der Sächs. Maschinenfabrik, vormals R. Hartmann
Maximale Geschwindigkeit: 75 km/h
Kesselüberdruck: 12 bar
Treibraddurchmesser: 1570 mm
Gewicht leer: 46,1 t
Ausgemustert: 1930

Gruss aus Zwota (Haltestelle
Bes, Robert Winkler

Haltepunkt Zwota.

Er liegt an der Strecke Zwotental—Klingenthal. Diese Strecke zweigt von der Linie Aue-Adorf am Bahnhof Zwotental ab und wurde am 24.12.1875 eröffnet. Der Haltepunkt aber erst 1880. Damals nannte er sich Unterzwota. Ab 1.10.1902 umbenannt in Zwota Haltepunkt und ab 1.5.1909 nur noch Zwota. Bevor man die Wartehalle errichtete, war im dahinterliegenden Wärterhaus ein Warteraum vorhanden. Wie so oft verdanken wir auch hier der Werbung des Wirtes für seine Bahnhofsgaststätte eine Aufnahme von der Bahn. (1911)

Abgefertigte Personen:	36219
Bedeutung im Personenverkehr:	Platz 418
Güterempfang	584 t
Güterversand:	221 t
Bedeutung im Güterverkehr:	Platz 724
Zuständige Betriebsdirektion:	Zwickau
Einwohner des Ortes:	2964
Amtshauptmannschaft:	Auerbach

Klingenthal i. Sa. Bahnhof.

Bahnhof Klingenthal,

Endpunkt der 8 km langen Strecke Zwotental—Klingenthal, die am 24.12.1875 eröffnet und später bis nach Böhmen weitergeführt wurde. Der grenzüberschreitende Verkehr wurde am 1.10.1886 aufgenommen, die Betriebsführung von Klingenthal aus übernahm die Buschtehrader Eisenbahn. Für den Bahnhof, der von Anbeginn als Grenzbahnhof projektiert und großzügig erbaut worden war, ergaben sich keine größeren Veränderungen. Im Empfangsgebäude wohnten zum damaligen Zeitpunkt über 40 Eisenbahnerfamilien. 1917 wurde vom Bahnhof Klingenthal aus noch eine 4,96 km lange, elektrisch betriebene Schmalspurbahn nach Unterachsenberg-Georgenthal in Betrieb genommen. (1911)

Abgefertigte Personen:	127 343
Bedeutung im Personenverkehr:	Platz 163
Kohlenbezug:	8 395 t
Güterempfang:	50 697 t
Güterversand:	38 601 t
Bedeutung im Güterverkehr:	Platz 113
Zuständige Betriebsdirektion:	Zwickau
Einwohner des Ortes:	6 158
Amtshauptmannschaft:	Auerbach

Bahnhof Markneukirchen

Bahnhof Markneukirchen,

mit dem Abschnitt Schöneck—Adorf am
15.11.1875 eröffnet. Ab 20.9.1909 zweigte von
hier eine 2,49 km lange Bahnlinie nach Markneukirchen-Stadt ab, womit eine Umbenennung des
Bahnhofes in Markneukirchen-Siebenbrunn (heute
nur noch Siebenbrunn) verbunden war.

Abgefertigte Personen:	107 375
Bedeutung im Personenverkehr:	Platz 193
Kohlenbezug:	1421 t
Güterempfang:	9454 t
Güterversand:	2162 t
Bedeutung im Güterverkehr:	Platz 465
Zuständige Betriebsdirektion:	Zwickau
Einwohner des Ortes:	8959 für Markneukirchen
Amtshauptmannschaft:	Oelsnitz

Erlbach i. oberen Vogtl. 524 m ü. N. N.   am Bahnhof

Bahnhofs-Wirtschaft

Bahnhof Erlbach.

Die Bahnlinie von Markneukirchen-Siebenbrunn nach Markneukirchen-Stadt wurde schon bald nach ihrer Inbetriebnahme (20.9.1910) um weitere 2,19 km bis Erlbach verlängert. Dieses Teilstück gibt es heute nicht mehr, es wurde 1975 stillgelegt. (1913)

Abgefertigte Personen:	48 027 (1915)
Bedeutung im Personenverkehr:	Platz 344 (1915)
Kohlenbezug:	1637 t (1915)
Güterempfang:	3710 t (1915)
Güterversand:	1093 t (1915)
Bedeutung im Güterverkehr:	Platz 592 (1915)
Zuständige Betriebsdirektion:	Zwickau
Einwohner des Ortes:	2752
Amtshauptmannschaft:	Oelsnitz i.V.

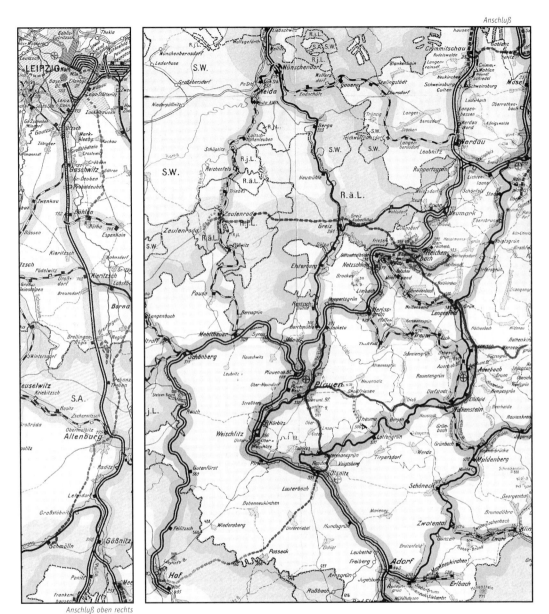

Kartenausschnitt mit dem Verlauf der Strecken Leipzig—Hof, Reichenbach—Göltzschtalbrücke und Lengenfeld—Göltzschtalbrücke

Der Bayrische Bahnhof in Leipzig
war Ausgangspunkt für die Strecken nach Hof,
Eger und Chemnitz (über Borna). Er wurde am
19.9.1843 mit der Strecke nach Altenburg
eröffnet und hatte eine Ankunfts- und Abfahrts-
seite. Mit dem Bau des Leipziger Hauptbahnhofes
verlor er seine Bedeutung als Fernbahnhof, so
daß hier 1912 der Schnell- und Eilzugverkehr
eingestellt wurde. Seine Funktion blieb nunmehr
auf den Nah- und Güterverkehr beschränkt.(1901)

Abgefertigte Personen:	2 885 141
Bedeutung im Personenverkehr:	Platz 3
Kohlenbezug:	4 608 t
Güterempfang:	667 620 t
Güterversand:	147 375 t
Bedeutung im Güterverkehr:	Platz 10
Zuständige Betriebsdirektion:	Leipzig I

Altenburg, d. 1. Juni 1900.

Liebe geltern!
Ich komme am sonnabend früh 9 Uhr in
Altenburg an. Es grüßt euer Sohn
Richard.

Bahnhof

Verlag: Louis Henkss Nachf. (O. Ladisch), Altenburg. 132.

Bahnhof Altenburg,

an der Strecke Leipzig—Hof gelegen und mit dem Abschnitt Leipzig (Bayrischer Bahnhof)—Altenburg am 19.9.1842 zunächst als Kopfstation eröffnet. 1876 begannen die Vorarbeiten zum Bahnhofsumbau, der 1879 abgeschlossen war. Der Bahnhof wurde mit der Streckengeradelegung zum Durchgangsbahnhof. Das Empfangsgebäude hatte das im Bild festgehaltene Aussehen erhalten. (1900)

Abgefertigte Personen:	815 177
Bedeutung im Personenverkehr:	Platz 16
Kohlenbezug:	81 996 t
Güterempfang:	179 911 t
Güterversand:	148 331 t
Bedeutung im Güterverkehr:	Platz 26
Zuständige Betriebsdirektion:	Leipzig I

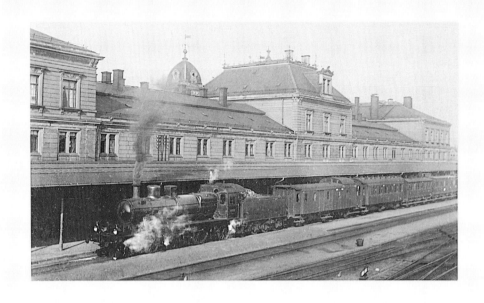

Bahnhof Altenburg von der Gleisseite gesehen,
hier ein Schnellzug in Richtung Hof mit der
sä. XV, Betriebsnummer 183

Die sä. XV, Betriebsnummer 183 (bei DRG 14 203)
aus einer anderen Perspektive

| Erbaut: | 1902 von der |
| Sächs. Maschinenfabrik, vormals R. Hartmann |
Maximale Geschwindigkeit:	100 km/h
Kesselüberdruck:	15 bar
Treibraddurchmesser:	1980 mm
Gewicht ohne Tender leer:	62 t
Ausgemustert:	1926

Ronneburg   Blick von der Agnesstraße auf Bahnhof und Stadt

Bahnhof Ronneburg,

am 28.12.1865 mit der Strecke Gößnitz—Gera
eröffnet. Die 35 km lange Strecke zweigt von der
Leipzig—Hofer Linie ab und liegt nicht mehr auf
sächsischem Gebiet. Das Land Sachsen hatte sie
jedoch 1878 von der „Gößnitz-Geraer-Eisenbahn-
gesellschaft" käuflich erworben. Erweiterungen
und Umbauten des Bahnhofes wurden 1887 mit
der Inbetriebnahme der Strecke Meuselwitz—
Ronneburg erforderlich. (1927)

Abgefertigte Personen:	255 315
Bedeutung im Personenverkehr:	Platz 79
Kohlenbezug:	22 353 t
Güterempfang:	46 709 t
Güterversand:	22 819 t
Bedeutung im Güterverkehr:	Platz 149
Zuständige Betriebsdirektion:	Leipzig I

Impressionen vom Bau der Strecke Altenburg—
Langenleuba

Baubeginn für die 22 km lange Strecke, die bei
Kotteritz von der Leipzig—Hofer Linie abzweigt
und bei Langenleuba Anschluß an die Linie
Narsdorf—Penig erhält, war im September 1899.
Ihre Eröffnung erfolgte bereits am 15.6.1901.
(1901)

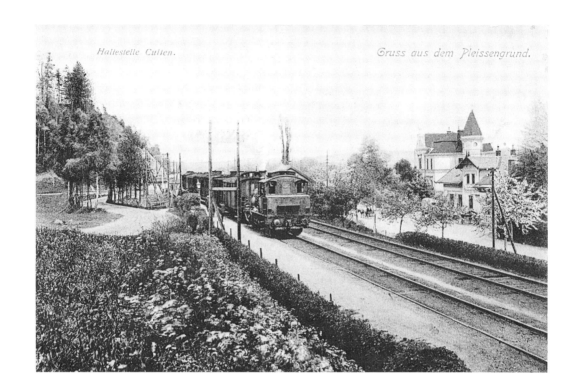

Haltestelle Culten.   *Gruss aus dem Pleissengrund.*

Haltestelle Culten.

Sie liegt an der Strecke Leipzig—Hof, wurde jedoch nicht mit dieser, sondern erst im Jahre 1899 eröffnet. Der abgebildete Zug mit einer sä. IV verläßt die Haltestelle (ab 1.5.1908 in Schweinsburg-Culten umbenannt) in Richtung Werdau.

Abgefertigte Personen:	82 332
Bedeutung im Personenverkehr:	Platz 243
Kohlenbezug:	10 t
Güterempfang:	61 t
Güterversand:	106 t
Bedeutung im Güterverkehr:	Platz 777
Zuständige Betriebsdirektion:	Leipzig I
Einwohner des Ortes:	83
Amtshauptmannschaft:	Zwickau

Werdau i. S. Bahnhof.

Bahnhof Werdau.

Die Stadt Werdau erhielt mit der Eröffnung der
Strecke Crimmitschau—Werdau am 6.9.1845
Anschluß an die Bahnlinie Leipzig—Hof. Am
gleichen Tag wurde auch die Strecke Zwickau—
Werdau in Betrieb genommen. Der Bahnhof
erhielt 1885 eine zentrale Weichen- und Signal-
anlage. Überhaupt wird seine Chronik von
ständigen Erweiterungs- und Umbaumaßnahmen
begleitet. Rechts im Bild das Empfangsgebäude,
links die Werkstätten. (1905)

Abgefertigte Personen:	816401
Bedeutung im Personenverkehr:	Platz 15
Kohlenbezug:	156352 t
Güterempfang:	305334 t
Güterversand:	112109 t
Bedeutung im Güterverkehr:	Platz 20
Zuständige Betriebsdirektion:	Leipzig I
Einwohner des Ortes:	20830
Amtshauptmannschaft:	Zwickau

Der Leubnitzer Eisenbahnviadukt bei Werdau

Er wurde mit dem Bau der Bahnstrecke Werdau–
Reichenbach i. V. (Ob. Bf.) 1846 eröffnet. Auf der
Brücke ein Güterzug, gezogen von einer sä. XI H
V. Hinter der Lok ein Güterzuggepäckwagen Pw
sä. 07, wie ihn die Modellbahnindustrie anbietet.
Der etwas längere Gepäckwagen Pw sa 10 wurde
meist für Personenzüge verwendet.

⁴/₅ gekuppelte Güterzugs-Verbund-Lokomotive

Erbaut v. d. Sächs. Maschinenfabrik zu Chemnitz vorm. Rich. Hartmann, 1904.

Dienstgewicht 72000 kg.

Güterzuglok sä. IX V, Betriebsnummer 758

Erbaut:	1904 von der
Sächs. Maschinenfabrik, vormals R. Hartmann	
Maximale Geschwindigkeit:	50 km/h
Kesselüberdruck:	14 bar
Treibraddurchmesser:	1240 mm
Gewicht ohne Tender:	64,8 t

Reichenbach i. V.   Am unteren Bahnhof

Reichenbach, Unt. Bf.

Er lag an der Strecke Reichenbach—Mylau—
Bf.Göltzschtalbrücke und wurde am 1.5.1895
eröffnet. Die Strecke zweigte in Reichenbach von
der Linie Leipzig—Hof ab, war 9 km lang und
wurde bis 1969 betrieben. Ab 15.12.1902 war der
untere Bahnhof auch Ausgangsbahnhof der 1000
mm Schmalspurbahn Reichenbach unt. Bf.-Ober-
heinsdorf, der sogenannten Rollbockbahn. Im
Vordergrund die Fußgängerbrücke.

Abgefertigte Personen:	78170
Bedeutung im Personenverkehr:	Platz 251
Kohlenbezug:	28449t
Güterempfang:	73991 t
Güterversand:	9786 t
Bedeutung im Güterverkehr:	Platz 121
Zuständige Betriebsdirektion:	Zwickau

Einwohner des Ortes: 29685
Amtshauptmannschaft: Plauen

rechte Seite:
*Auf der Fahrt nach Mylau durch die Altstadt von
Reichenbach. Der Personenzug wird von einer sä.
VII T gezogen. (1913)*

Güterzuglok sä. VII T, Betriebsnummer 1447

Erbaut:	1891 von der
	Sächs. Maschinenfabrik, vormals R. Hartmann
Maximale Geschwindigkeit:	45 km/h
Kesselüberdruck:	10 bar
Treibraddurchmesser:	1220 mm
Gewicht leer:	21,2 t
Ausgemustert:	1923

Reichenbach i. V.
Altstadt.

B. Tenderlokomotive der Sächs. Staatsbahn VII T, erbaut v. d. Sächs. Maschinenfabrik Chemnitz 1890

Bahnbau Lengenfeld - Mylau 1903.

Beim Bahnbau Lengenfeld—Göltzschtalbrücke

Die Strecke wurde in Etappen eröffnet. Am
16.11.1903 ging der Abschnitt Weißensand—
Göltzschtalbrücke in Betrieb, dann folgte am
05.01.1905 Wolfspfütz—Weißensand und am
17.05.1905 Lengenfeld—Wolfspfütz. (1904)

Bahnhof Netzschkau,

mit dem Streckenabschnitt Reichenbach—Plauen am 15.07.1851 eröffnet. Damit war auch die gesamte Strecke Leipzig—Hof durchgehend befahrbar. Das abgebildete Empfangsgebäude wurde jedoch erst beim Bahnhofsumbau 1878/79 errichtet. Zuvor war das alte Empfangsgebäude abgerissen worden. (1909)

Abgefertigte Personen:	338 112
Bedeutung im Personenverkehr:	Platz 60
Kohlenbezug:	22 822 t
Güterempfang:	47 935 t
Güterversand:	8 490 t
Bedeutung im Güterverkehr:	Platz 178
Zuständige Betriebsdirektion:	Zwickau
Einwohner des Ortes:	7 565
Amtshauptmannschaft:	Plauen

Gruß aus Limbach i. V.　　Gesamtansicht

Haltestelle

Haltestelle Limbach i. V.,

an der Bahnlinie Leipzig—Hof, zwischen Reichenbach und Plauen, gelegen. Sie wurde am
1.10.1902, also später als die Strecke, für den
Personen- und Gepäckverkehr eröffnet. Im unteren Bild rechts das Haltestellengebäude, davor
ein Läutewerk. Die heruntergeklappte Scheibe
machte dem Bahnbeamten sichtbar, daß es ge-
läutet hatte und der Zug angekündigt war. (1917)

Abgefertigte Personen:	122 881
Bedeutung im Personenverkehr:	Platz 168
Güterempfang:	27 t
Güterversand:	12 t
Bedeutung im Güterverkehr:	Platz 810
Zuständige Betriebsdirektion:	Zwickau
Einwohner des Ortes:	1629
Amtshauptmannschaft:	Auerbach

Plauen i. V.
Oberer Bahnhof

Dr. Trenkler Co., Leipzig. · 2040 M

Plauen, Ob. Bf,

an der Strecke Leipzig—Hof am 20.11.1848 mit dem Streckenabschnitt Plauen—Hof eröffnet. Das abgebildete Empfangsgebäude war 1896 umgebaut worden und hatte einen 698qm großen Anbau erhalten. Im Zweiten Weltkrieg wurde es schwer beschädigt und im nachhinein abgerissen. Die Lok im Vordergrund ist eine sä. IIIb. (1916)

Abgefertigte Personen:	1834982
Bedeutung im Personenverkehr:	Platz 7
Kohlenbezug:	125910 t
Güterempfang:	316225 t
Güterversand:	73206 t
Bedeutung im Güterverkehr:	Platz 22
Zuständige Betriebsdirektion:	Zwickau
Einwohner des Ortes:	121272
Amtshauptmannschaft:	Plauen

Bahnhof Herlasgrün i. V.

Bahnhof Herlasgrün i. V.,
mit dem Streckenabschnitt Reichenbach—Plauen
am 15.7.1851 eröffnet. Ab 1865 zweigte von
hier die Linie Herlasgrün—Oelsnitz ab. Vorn im
Bild die Gleise der Leipzig-Hofer Linie. Links
hinten der Lokschuppen und der Abzweig nach
Oelsnitz i. V. (1924)

Bedeutung im Personenverkehr:	Platz 108
Kohlenbezug:	7 699 t
Güterempfang:	12 672 t
Güterversand:	4 259 t
Bedeutung im Güterverkehr:	Platz 398
Zuständige Betriebsdirektion:	Zwickau
Einwohner des Ortes:	591
Amtshauptmannschaft:	Auerbach i. V.

Abgefertigte Personen: 186 607

Kunstanstalt Löffler & Co., Greiz. 1904.

Der Eisenbahnunfall in Herlasgrün i. Vogtl.
am 3. Oktober 1904 morgens 2 Uhr.

Unfall in Herlasgrün am 3.10.1904. Die verun-
glückte Lok war die sä. VV, Betriebsnummer 1004.

In der Obererzgebirgischen Zeitung war darüber
zu lesen: „Heute früh gegen 3 Uhr ist hier ein
Güterzug, der auf ein totes Gleis geleitet wurde,
über den Prellbock gefahren. Die Maschine und
der Tender stürzten die 5 m hohe Böschung
hinunter. Der Lokomotivführer und der Heizer
sprangen ab und blieben unverletzt."

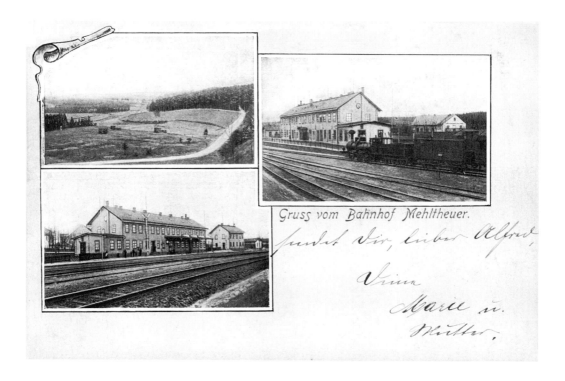

Gruss vom Bahnhof Mehltheuer.

Bahnhof Mehltheuer,

mit dem Streckenabschnitt Plauen—Hof am 20.11.1848 eröffnet. Mit Anschluß der Strecke Werdau—Mehltheuer 1884 wurden umfangreiche Bauarbeiten erforderlich. Die Gleisanlage wurde erweitert, Lokschuppen, Drehscheibe und ein neuer Güterschuppen wurden errichtet. Rechts ein Zug mit einer sä. IIb aus Richtung Hof. Leider half hier die Retuschierfeder nach. Links die andere Seite des Inselbahnhofes. Das kleinere Gebäude war das ursprüngliche Empfangsgebäude. (1903)

Abgefertigte Personen:	153 218
Bedeutung im Personenverkehr:	Platz 134
Kohlenbezug:	5 344 t
Güterempfang:	16 215 t
Güterversand:	7 394 t
Bedeutung im Güterverkehr:	Platz 333
Zuständige Betriebsdirektion:	Zwickau
Einwohner des Ortes:	446
Amtshauptmannschaft:	Plauen

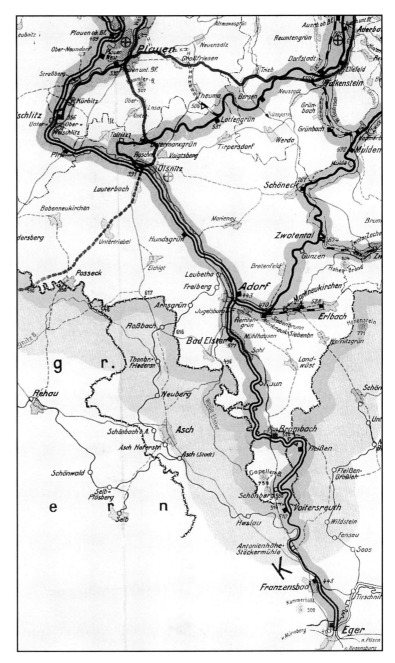

Kartenausschnit mit
dem Verlauf der Strecke
Plauen—Eger

Gruß aus **Weischlitz** i. V.　　　Bahnhof

Bahnhof Weischlitz,

mit dem Abschnitt Plauen—Oelsnitz am
1.11.1874 eröffnet. 1876 wurde das Stationsgebäude um 349 m² vergrößert. Links im Bild ein
in Richtung Oelsnitz ausfahrender Güterzug,
gezogen von einer sä. IX V. (1916)

Abgefertigte Personen:	189 632
Bedeutung im Personenverkehr:	Platz 104
Kohlenbezug:	9 122 t
Güterempfang:	15 843 t
Güterversand:	13 368 t
Bedeutung im Güterverkehr:	Platz 293
Zuständige Betriebsdirektion:	Zwickau
Einwohner des Ortes:	1527 (Ober-und Unterweischlitz)
Amtshauptmannschaft:	Plauen

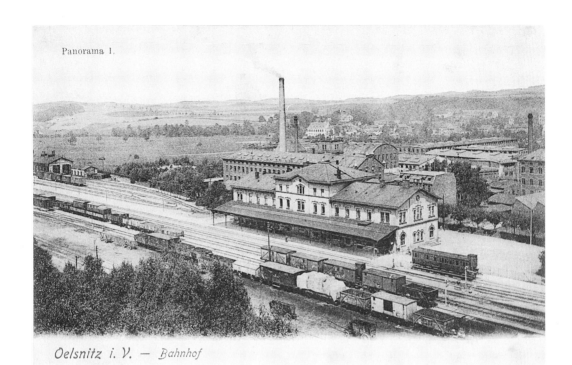

Panorama 1.

Oelsnitz i. V. — Bahnhof

Bahnhof Oelsnitz i.V.,

an der Strecke Plauen—Eger gelegen und mit dem Abschnitt Herlasgrün—Oelsnitz am 1.11.1865 eröffnet. Die Aufnahme entstand um 1900.

Abgefertigte Personen:	315 731	Güterempfang:	84 085 t
Bedeutung im Personenverkehr:	Platz 63	Güterversand:	34 197 t
Kohlenbezug:	44 481 t	Bedeutung im Güterverkehr:	Platz 82
		Zuständige Betriebsdirektion:	Zwickau
		Einwohner des Ortes:	13 951
		Amtshauptmannschaft:	Oelsnitz

Eisenbahnunfall am 23. Juli 1899 zwischen Rebersreuth und
Hundsgrün i. Vogtl.

Oelsnitz i. B., 23. Juli. Von mehrfachem Unheil betroffen
wurde der Güterzug 5702, welcher heute früh nach 3 Uhr
Reichenbach verließ. Als er ½₅ Uhr in Herlasgrün einlief,
stieg der Zugführer Graupner, 42 Jahre alt, verheirathet und
Vater dreier Kinder, ab, gerieth auf ein anderes Gleis, auf
welchem eben ein Eilgüterzug anlangte, und wurde überfahren,
in grauenhafter Weise zerschnitten und sofort getödtet. Kurz nach
8 Uhr Morgens, als derselbe Zug die Station Hundsgrün verlassen hatte (bei der Rebersreuther Kurve), kamen ihm plötzlich
sechs Personenwagen entgegen, die in Bad Elster leer in Reserve
gestanden, sich auf unaufgeklärte Weise in Bewegung gesetzt und
unaufhaltsam den Bahnhof Adorf durchrast hatten. Da es gelang, den Güterzug zum Stehen zu bringen, so vermochte dessen
Bedienungsmannschaft noch vor dem Zusammenstoße abzuspringen,
und der unmittelbar darauf erfolgende Aufprall der leeren Personenwagen kostete wenigstens kein Menschenleben. Von den sechs
Personenwagen wurden fünf fast vollständig zertrümmert, auch
die Güterzugslokomotive und mehrere Güterwagen erlitten erheb-
liche Beschädigungen. Der erste Bremser des Güterzuges wurde
unverletzt aus den Trümmern hervorgezogen. Durch das Chaos
der umgestürzten, beschädigten Wagen wurden beide Gleise gesperrt und insbesondere der starke Sonntagsverkehr nach Bad
Elster arg gestört; auch die Telegraphenleitung wurde durch einen
den Damm hinabstürzenden Wagen zerrissen. Der Rettungszug
aus Werdau mit einer zahlreichen Arbeiterschaft traf kurz nach
Mittag an der Unfallstelle ein, woselbst auch Betriebsdirektor
Andrä aus Zwickau und Baurath Cunrady aus Oelsnitz zur
Leitung der erforderlichen Arbeiten anwesend waren.

*Unfall am 23.7.1899 auf der Strecke Plauen—Eger
zwischen Rebersreuth und Hundsgrün*

Unfallbericht in der Obererzgebirgischen Zeitung

Adorf i. Erzgeb.   Blick nach dem Bahnhof.

Bahnhof Adorf.

Er liegt an der Strecke Plauen—Eger und wurde am 1.11.1865 mit dem Abschnitt Oelsnitz—Eger eröffnet. Die Einführung der Linie Chemnitz—Adorf machte den Bau von Wagenabstellgleisen erforderlich. 1877/78 wurde der Bahnhof umgebaut und erweitert. Im Bild links das Verwaltungsgebäude, rechts das Empfangsgebäude. (1906)

Abgefertigte Personen:	242 105
Bedeutung im Personenverkehr:	Platz 86
Kohlenbezug:	39 856 t
Güterempfang:	74 615 t
Güterversand:	10 894 t
Bedeutung im Güterverkehr:	Platz 118
Zuständige Betriebsdirektion:	Zwickau
Einwohner des Ortes:	7 887
Amtshauptmannschaft:	Oelsnitz i.V.

Gruss von der
österr.-sächs. Grenzstation
Voitersreuth

Grenzstation Voitersreuth (Votjanov),
mit dem Abschnitt Oelsnitz—Eger am 1.11.1865
eröffnet. Hier erfolgte die Zollabfertigung. Der
Mittelteil des Stationsgebäudes wurde 1889 durch
einen Brand zerstört und neu aufgebaut. Vorn im
Bild: Gruppenaufnahme mit den sächsischen und
österreichischen Beamten der Station. (1910)

Abgefertigte Personen:	36 405
Bedeutung im Personenverkehr:	Platz 415
Kohlenbezug:	1960 t
Güterempfang:	5330 t
Güterversand:	7301 t
Bedeutung im Güterverkehr:	Platz 449
Zuständige Betriebsdirektion:	Zwickau

Bahnhof — Aufnahmsgebäude. 23./5. 00.

Bahnhof Eger (Cheb),

Endpunkt der am 1.11 1865 eröffneten Strecke Plauen—Eger. Hier das Empfangsgebäude in Eger von der Straßenseite. Der Bahnhof war Übergabe-bahnhof mehrerer Bahnverwaltungen: für die Sächsische Staatsbahn nach Plauen, für drei bayrische Linien nach Hof, Wiesa und Nürnberg, für die österreichische Strecke über Pilsen nach Wien und für die Buschtehrader Eisenbahn über Karlsbad und Komotau nach Prag. (1900)

Abgefertigte Personen:	335 773
Bedeutung im Personenverkehr:	Platz 61
Kohlenbezug:	5 156 t
Güterempfang:	37 073 t
Güterversand:	53 857 t
Bedeutung im Güterverkehr:	Platz 110

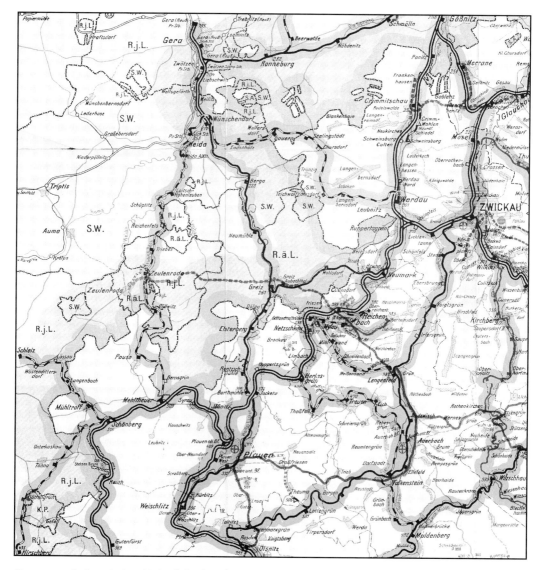

Kartenausschnitt mit dem Verlauf der Strecken
Gera—Weischlitz, Herlasgrün—Oelsnitz,
Zwickau—Falkenstein, Werdau—Mehltheuer,
Zeulenroda Unt. Bf.—Zeulenroda Ob. Bf. und
Schönberg—Schleiz

Bahnhof.

Gruss aus Wünschendorf s. W.

Otto Pfau, Bahnhofswirt.

Veltsberg mit Kirche, erbaut 976.

Bahnhof Wünschendorf,

an der Strecke Gera—Weischlitz gelegen und mit dem Abschnitt Weischlitz—Greiz am 17.7.1875 als Personenhaltestelle eröffnet. Im Jahre 1880 erfolgte die Erweiterung zur Güterhaltestelle. Das alte Stationsgebäude wurde 1882 durch einen Neubau ersetzt. Im Jahre 1897 erhielt die Haltestelle (hier kreuzte auch die 1876 in Betrieb genommene Strecke Werdau—Greiz) einen Lokschuppen für 6 Stände, eine Wasserstation und eine Drehscheibe. Rechts im Bild zwei Lokomotiven der Baureihe sä. V.

Abgefertigte Personen:	94 812
Bedeutung im Personenverkehr:	Platz 210
Kohlenbezug:	13 103 t
Güterempfang:	34 339 t
Güterversand:	44 867 t
Bedeutung im Güterverkehr:	Platz 128
Zuständige Betriebsdirektion:	Leipzig I

Greiz i. V. Bahnhof.

Bahnhof Greiz,

mit dem Teilstück Wolfsgefährt—Greiz am
17.7.1875 eröffnet. 1879 wurden mit der neu
hinzukommenden Greiz-Brunner-Strecke umfangreiche Bauarbeiten und Erweiterungen erforderlich. Hinten im Bild das Schloß, links ein aus
Neumühle kommender Personenzug. (1905)

Abgefertigte Personen:	511140
Bedeutung im Personenverkehr:	Platz 32
Kohlenbezug:	39790 t
Güterempfang:	11819 t
Güterversand:	35888 t
Bedeutung im Güterverkehr:	Platz 59
Zuständige Betriebsdirektion:	Leipzig I

Station Rentschmühle.

Sie liegt an der Linie Gera—Weischlitz. Der erste Zug fuhr hier am 8.9.1875. Das Stationsgebäude und der Güterschuppen wurden 1882 neu errichtet . Zuvor waren die alten Gebäude abgerissen worden. Damals wurde auch der Bahnsteig verlegt. Vor dem Güterzug eine sä. IIIb in Richtung Greiz. (1909)

Abgefertigte Personen:	103 135
Bedeutung im Personenverkehr:	Platz 202
Kohlenbezug:	606 t
Güterempfang:	1699 t
Güterversand:	38 379 t
Bedeutung im Güterverkehr:	Platz 238
Zuständige Betriebsdirektion:	Leipzig I
Einwohner des Ortes:	Ortsteil von Ruppertsgrün
Amtshauptmannschaft:	Plauen

Elstertal (Vogtl. Schweiz).

Ein beliebtes Motiv aus dem idyllischen Elstertal.
Hier ein Personenzug, gezogen von einer VIII V2,
dahinter ein preußischer Gepäckwagen. (1908)

Die sä. VIII V2, Betriebsnummer 595
(bei DRG 36 975) auf der Drehscheibe.

Erbaut: 1900 von
            Maschinenfabrik Esslingen, vorm. E.Kessler
Maximale Geschwindigkeit: 80 km/h
Kesselüberdruck: 13 bar
Treibraddurchmesser: 1590 mm
Gewicht leer: 49 t
Ausgemustert: 1931

Haltestelle Barthmühle,

an der Linie Gera—Weischlitz im Jahre 1879
eingerichtet. 1879 wurde die Haltestelle mit
einem Sprechapparat mit Induktor ausgerüstet,
im Jahre 1883 erfolgte die Erweiterung der
Gleisanlagen. Damit verbunden waren die
Vergrößerung des Bahnsteiges und das Aufstellen
eines Läutewerkes. Ab 15.6.1904 wurde hier auch
der Stückgutverkehr eingeführt. Hinten im Bild
ist die Elstertalbrücke zu sehen.

Abgefertigte Personen:	48 291
Bedeutung im Personenverkehr:	Platz 351
Güterempfang:	267 t
Güterversand:	157 t
Bedeutung im Güterverkehr:	Platz 745
Zuständige Betriebsdirektion:	Leipzig I
Einwohner des Ortes:	Ortsteil von Jocketa
Amtshauptmannschaft:	Plauen

Bahnhofs-Wirtschaft, Eich i. s.
Herrlich gelegener Ausflugsort inmitten des vogtl. Hochwaldes

Bahnhof Eich,

mit der Strecke Herlasgrün—Oelsnitz am
1.11.1865 eröffnet und bis zum 18.11.1879
Haltestelle Lengenfeld genannt.(1911)

Abgefertigte Personen:	46 661
Bedeutung im Personenverkehr:	Platz 359
Kohlenbezug:	7 638 t
Güterempfang:	12 324 t
Güterversand:	3 154 t
Bedeutung im Güterverkehr:	Platz 416
Zuständige Betriebsdirektion:	Zwickau
Einwohner des Ortes:	817
Amtshauptmannschaft:	Auerbach i.V.

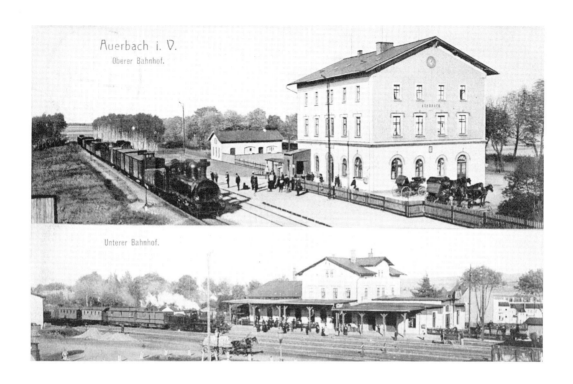

Bahnhöfe in Auerbach im Vogtland.

Der Obere Bahnhof liegt an der Strecke Herlasgrün—Oelsnitz, die am 1.11. 1865 eröffnet wurde. Der in Richtung Falkenstein fahrende Güterzug wird von einer sä. V V gezogen. Der Untere Bahnhof befindet sich an der am 29.11.1875 in Betrieb genommenen Strecke Zwickau—Falkenstein. Links im Bild ein Personenzug mit einer sä. VIII V2 in Richtung Falkenstein. (1909)

Abgefertigte Personen:	388 003 beide Bf
Kohlenbezug:	44 818 t beide Bf
Güterempfang:	109 600 t beide Bf
Güterversand:	17 248 t beide Bf
Zuständige Betriebsdirektion:	Zwickau beide Bf
Einwohner des Ortes:	15 585
Amtshauptmannschaft:	Auerbach

Rodewisch i. V. Bahnhof.

Verlag von F. L. Weiss, Rodewisch.

Nr. 3728. Kunstanstalt Löffler & Co., Greiz. Geschmacksmusterschutz 1906.

Bahnhof Rodewisch,

an der 35 km langen Strecke Zwickau—Falkenstein gelegen und am 29.11.1875 eröffnet. Ab 1.5. 1881 auch Güterstation. Der Anbau links am Empfangsgebäude erfolgte 1886. Leider wurde auf der Karte das Ladegleis wegretuschiert. Der Personenzug steht in Richtung Falkenstein. (1909)

Abgefertigte Personen: 89 948

Bedeutung im Personenverkehr:	Platz 223
Kohlenbezug:	24 877 to
Güterempfang:	46 345 to
Güterversand:	5 521 to
Bedeutung im Güterverkehr:	Platz 188
Zuständige Betriebsdirektion:	Zwickau
Einwohner des Ortes:	9 494
Amtshauptmannschaft:	Auerbach i.V.

Gruss aus dem Werdauer Walde   *Bauernsteig*

Haltestelle Bauernsteig,

an der Strecke Werdau—Mehltheuer gelegen und mit dem Abschnitt Werdau—Weida am 29.8.1876 eröffnet. Das Stationsgebäude erhielt 1884 sein oberes Stockwerk, die Wartehalle (rechts daneben) wurde 1897 gebaut. Ab 1.5.1909 wurde die Haltestelle in Langenbernsdorf umbenannt. (1915)

Abgefertigte Personen:	74 262
Bedeutung im Personenverkehr:	Platz 261
Kohlenbezug:	977 t
Güterempfang:	5 927 t
Güterversand:	3 385 t
Bedeutung im Güterverkehr:	Platz 504
Zuständige Betriebsdirektion:	Leipzig I
Einwohner des Ortes:	1846
Amtshauptmannschaft:	Zwickau

Gruss aus dem Werdauer Walde

Bauernsteig-Teichwolframsdorf.

Zwischen Bauernsteig (Langenbernsdorf) und Teichwolframsdorf – ein beliebtes Kartenmotiv. Der Güterzug wird von zwei Lokomotiven der Baureihe sä. V V gezogen.

WERDAUER WALD. Bahnhof Teichwolframsdorf. 1912

Bahnhof Teichwolframsdorf,
auf dem, wahrscheinlich an einem Sonntag,
Hochbetrieb herrscht. Der Bahnhof wurde am
29.8.1876 mit dem Streckenabschnitt Werdau—
Mehltheuer eröffnet. Hier ein Blick aus Richtung
Werdau. (1912)

Abgefertigte Personen:	100841
Bedeutung im Personenverkehr:	Platz 204

Kohlenbezug:	4646 t
Güterempfang:	10748 t
Güterversand:	746 t
Bedeutung im Güterverkehr:	Platz 438
Zuständige Betriebsdirektion:	Leipzig I
Einwohner des Ortes:	Ortsteil v. Trünzig
Amtshauptmannschaft:	Zwickau

Gruss aus Bahnhof Seelingstädt

Bahnhof Seelingstädt,

an der Strecke Werdau-Mehltheuer gelegen und mit der Teilstrecke Werdau-Weida am 29.8.1876 eröffnet. 1883 bekam die Haltestelle ein 112 m² großes Wirtschaftsgebäude, ein Jahr später wurden die Nebengleise erweitert.(1914)

Abgefertigte Personen:	21 548
Bedeutung im Personenverkehr:	Platz 514
Kohlenbezug:	6 874 t
Güterempfang:	18 232 t
Güterversand:	6 932 t
Bedeutung im Güterverkehr:	Platz 321
Zuständige Betriebsdirektion:	Leipzig I
Einwohner des Ortes:	483
Amtshauptmannschaft:	Zwickau

Weida i. Th. Oschütztal Viadukt.

Der Oschütztalviadukt

an der Strecke Werdau-Mehltheuer wurde 1884
errichtet. Seine Länge beträgt 185,5 m, die Höhe
24,8 m. Das Gewicht der Eisenkonstruktion
beträgt rund 273 t. Die Baukosten beliefen sich
auf 201 851 Mark. Auf der Brücke ein Personenzug, gezogen von einer sä. IV T. Ab 1983 wurde
die Brücke nicht mehr genutzt und unter Denkmalschutz gestellt.

Zeulenroda
Oberer Bahnhof

Zeulenroda, Ob. Bf.

Da die Linie Werdau—Mehltheuer mehr als 3 km an Zeulenroda vorbeiführte, gab es mehrere Projekte, um die Bahn näher an den Ort heranzuführen. 1910 begann dann der Bau einer Bahnlinie, die vom Bahnhof Zeulenroda hin zur Stadt führte. Diese Linie Zeulenroda Unt. Bf.—Zeulenroda Ob. Bf. wurde am 1 .September 1914 in Betrieb genommen. Vor dem Bahnhofsgebäude eine sä. V T.

Abgefertigte Personen:	57 202 (1915)
Bedeutung im Personenverkehr:	Platz 306(1915)
Kohlenbezug:	18 563 t (1915)
Güterempfang:	32 210 t (1915)
Güterversand:	6 986 t (1915)
Bedeutung im Güterverkehr:	Platz 208(1915)
Zuständige Betriebsdirektion:	Leipzig I

Schleiz. ·Bahnhof.

Bahnhof Schleiz,
mit der Strecke Schönberg—Schleiz am 20.6.
1887 eröffnet. Vorn im Bild ist die im Jahre 1888
gebaute, ca. 135 m lange, Holzverladerampe zu
sehen. (1910)

Abgefertigte Personen:	73 334
Bedeutung im Personenverkehr:	Platz 267
Kohlenbezug:	10 081 t
Güterempfang:	25 139 t
Güterversand:	11 427 t
Bedeutung im Güterverkehr:	Platz 262
Zuständige Betriebsdirektion:	Zwickau

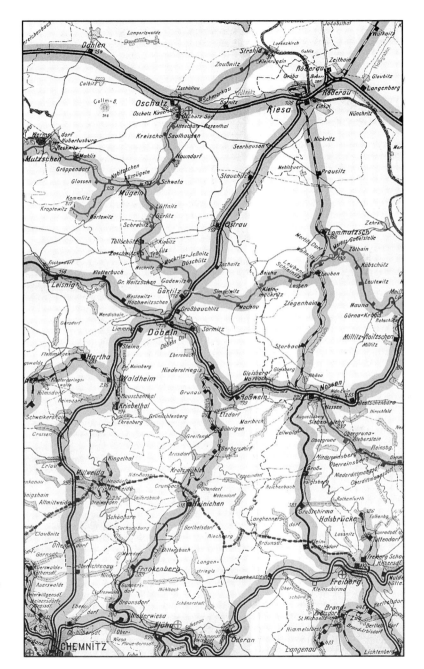

Kartenausschnitt mit dem Verlauf der Strecken Riesa—Nossen—Freiberg, Roßwein—Niederwiesa und Riesa—Chemnitz

Lommatzsch. Bahnhof.

Bahnhof Lommatzsch,

an der 33 km langen Strecke Riesa—Nossen
gelegen und mit dem Abschnitt Riesa—
Lommatzsch am 5.4.1877 eröffnet. Nachdem im
Jahre 1909 die Schmalspurstrecke von Wilsdruff
hinzukam, wurde hier am 1.10.1910 eine Bahn-
verwaltung eingerichtet. Die Abbildung zeigt das
Empfangsgebäude von der Regelspurseite aus
gesehen. (1905)

Abgefertigte Personen:	85 493
Bedeutung im Personenverkehr:	Platz 238
Kohlenbezug:	24 781 t
Güterempfang:	42 918 t
Güterversand:	28 588 t
Bedeutung im Güterverkehr:	Platz 144
Zuständige Betriebsdirektion:	Leipzig II
Einwohner des Ortes:	4179
Amtshauptmannschaft:	Meißen

Gruss aus Grossvoigtsberg.

Verlag von A. Kersten, Siebenlehn.

Großvoigtsberg

liegt an der 24 km langen Strecke Nossen—
Freiberg. Die Strecke wurde von der Leipzig-
Dresdner-Eisenbahn-Compagnie gebaut und am
15.7.1873 eröffnet. Am 1.1.1876 kaufte Sachsen
diese Eisenbahn. Links im Bild räuchert eine sä.
IIIb Lok vor sich hin. Sie steht in Richtung
Freiberg.

Abgefertigte Personen:	39185
Bedeutung im Personenverkehr:	Platz 402
Kohlenbezug:	5727 t
Güterempfang:	11886 t
Güterversand:	3155 t
Bedeutung im Güterverkehr:	Platz 420
Zuständige Betriebsdirektion:	Dresden-Altstadt
Einwohner des Ortes:	907
Amtshauptmannschaft:	Freiberg

Berbersdorf (Striegistal)
„Gasthaus zum Striegistal", Bes. Rich. Röger

Bahnhof Berbersdorf,
an der Strecke Rosswein—Niederwiesa gelegen
und mit dem Streckenteil Roßwein—Hainichen
am 28.8.1874 eröffnet. Die Lok ist eine sä. IIIb
in Richtung Hainichen.

Kohlenbezug:		2229 t
Güterempfang:		8280 t
Güterversand:		32813 t
Bedeutung im Güterverkehr:		Platz 233
Zuständige Betriebsdirektion:		Chemnitz

Abgefertigte Personen:	22514	
Bedeutung im Personenverkehr:	Platz 503	
Einwohner des Ortes:		718
Amtshauptmannschaft:		Döbeln

HAINICHEN i Sa.

Technikum und Bahnhof

Bahnhof Hainichen

an der Strecke Roßwein-Niederwiesa. Eröffnet
wurde der Bahnhof am 1.3.1869 mit der Teilstrek-
ke Hainichen-Niederwiesa. Blick von der Gleisseite auf das Empfangsgebäude. (1912)

Kohlenbezug:	24 799 t
Güterempfang:	63 892 t
Güterversand:	21 178 t
Bedeutung im Güterverkehr:	Platz 119
Zuständige Betriebsdirektion:	Chemnitz

Abgefertigte Personen:	182 641	Einwohner des Ortes:	7862
Bedeutung im Personenverkehr:	Platz 111	Amtshauptmannschaft:	Döbeln

Harrasfelsen mit dem Körnerkreuz im Zschopautale.

Der Harrasfelsen, auch Hauenstein genannt,
mit Tunnel.

Der Felstunnel, der sich in der Nähe der Station
Braunsdorf befindet, ist ein sogenannter Sporn-
tunnel. Im Jahre 1913 brach ein Portal des
Tunnels zusammen, und es kam zu einem schweren Zugunglück.

Eisenbahnkatastrophe bei Frankenberg.

In der vergangenen Nacht in der 12. Stunde ereignete sich in der Nähe von Braunsdorf ein schweres Eisenbahnunglück. Als der um diese Zeit von Frankenberg nach Chemnitz verkehrende Personenzug Nr. 1414 den Tunnel des Harrasfelsens passierte, stürzte dieser zum Teil ein. Die Felsenmassen begruben den Zug unter sich. 4 Personen wurden getötet, 7 schwer und 27 leicht verletzt. Ueber das Unglück — von dem wir heute morgen bereits durch Extrablatt Kenntnis gaben — erfahren wir folgende Einzelheiten:

Kurz bevor heute Nacht gegen einhalb 11 Uhr der Zug 1414 auf der Strecke zwischen Frankenberg und Braunsdorf den Harrasfelsen passierte, war das Südportal des Tunnels eingestürzt. Der Zug fuhr mit voller Geschwindigkeit auf die Sturzmasse auf und wurde zur Entgleisung gebracht. Die Schreckensszenen, die sich alsbald durch die auch unter den nichtverletzten Passagieren ausgebrochene Panik abspielten, waren unbeschreiblich. Die sofort herbeigerufene Hilfe in Gestalt eines Döbelner Aerztewagens und zweier großer Hilfszüge waren alsbald zur Stelle und es konnte mit den Rettungsarbeiten begonnen werden. Unter großen Anstrengungen gelang es zunächst,

vier Tote, sieben schwer Verletzte

und eine Anzahl leicht Verletzter zu bergen, deren Identität nur zum kleinen Teil festgestellt werden konnte. Unter den Verletzten befinden sich u. a. die Herren Arendt-Chemnitz, Paul Drechsler-Euba, Bezirksschuloberlehrer Haupt-Chemnitz, Karl Münzner-Schönau, Lochmann-Braunsdorf, Emil Krebs-Dittersdorf, Bruno Nitzsche-Hainichen, die in das Frankenberger Krankenhaus geschafft wurden; im Chemnitzer Krankenhause liegen Herold, Kluge, Norberger, Müller, Hauptmann, Kluge und Schönbach, über die Näheres noch nicht bekannt ist.

Nur auf beschwerlichem Wege über Felsen und Abhänge war zum Tunneleingang zu gelangen. Fünf bis sechs Wagen stehen noch im Tunnel; sie werden im Verlaufe des Tages durch Maschinen auseinander gezogen, denn sie sind sämtlich zertrümmert. Nur auf halbe Wagenlängen kann man in den Tunnel hinein, dann versperren Trümmer vollständig den Weg. Holzwände, Türen, Wagendächer füllen den Raum zwischen Wagen und Tunnelmauern völlig aus. Leider werden sich in den Wagen

noch viele Tote

befinden, die erst im Verlaufe des Tages geborgen werden können. Vom hintersten Wagen aus, der mit Holztrümmern ausgefüllt ist, wie ein mit Holz beladener Wagen, konnte man allein drei Tote, zwei Männer und eine Frau, in den Trümmern eingeklemmt sehen; ein erschütternder Anblick. Bei den ersten Rettungsarbeiten waren durch eine kleine Lücke an der vorderen Oeffnung des Tunnels die ersten Verwundeten und Toten herausgeschafft worden; die Mehrzahl der Passagiere verließ den Tunnel auf der Frankenberger Seite.

Die amtliche Meldung.

Als der gestern abend 9 Uhr 7 Minuten von Roßwein nach Chemnitz verkehrende Personenzug Nr. 1414 zwischen Cunnersdorf und Braunsdorf den Tunnel des Harrasfelsens passierte, stürzte die Stirnseite an der Ausfahrt des Tunnels infolge einer erdbebenartigen Erschütterung ein. Die heranbrausende Lokomotive fuhr gegen die Trümmer auf und blieb in den Steinmassen stecken. Die 6 nachfolgenden Wagen wurden ineinandergeschoben. Eine Person namens Walter Bäßler aus Chemnitz wurde getötet, während etwa 6 Personen schwer und 27 leicht verletzt wurden, die zum Teil nach dem Krankenhause Frankenberg übergeführt worden sind. Der Präsident der Staatsbahn, Ulbricht, und ein Oberbaurat haben sich sofort nach der Unfallstelle begeben. Die weitere Untersuchung ist eingeleitet.

Die Ursache des Unglücks.

Chemnitz, 15. Dez. Der bei Braunsdorf verunglückte Zug war der Personenzug Nr. 1414, welcher um 9 Uhr 7 Minuten Roßwein verlassen hatte und nach Chemnitz bestimmt war. Anscheinend war der Harrasfelsentunnel schon vor der Annäherung des Zuges eingestürzt und der mit 2 Lokomotiven bespannte Zug fuhr auf die auf das Gleis herabgefallenen Felsstücke. Am gestrigen Sonntag hatte hier orkanartiger Sturm geherrscht, der am Abend von Gewitter und starkem Schneetreiben begleitet war. Man nimmt an, daß

der Einsturz des Tunnels auf diesen Witterungseinfluß zurückzuführen ist, umsomehr, als auch gestern abend in der hiesigen Gegend verschiedentlich erdbebenartige Erscheinungen verspürt worden sind. Bei der Auffahrt haben sich mehrere Wagen ineinandergeschoben. Die Aufräumungsarbeiten sind noch im Gange, und man rechnet damit, daß sich noch weitere Tote unter den Trümmern befinden. Die Schwerverletzten sind in die Krankenhäuser zu Frankenberg und Chemnitz gebracht worden. Der Verkehr wird durch Umsteigen bezw. Umleitung aufrechterhalten.

Die Rettungsarbeiten.

Chemnitz. Von der Eisenbahn-Betriebsdirektion Chemnitz wird das Unglück bei Braunsdorf gemeldet: Sofort nach dem Unglück wurden auf telephonische und telegraphische Meldungen 2 Hilfszüge von Chemnitz und Leipzig, sowie der Arztwagen von Döbeln abgelassen, sodaß das Rettungswerk nach kurzer Zeit aufgenommen werden konnte. Außerdem war eine große Zahl von Aerzten und Samaritern aus Chemnitz, Niederwiesa, Frankenberg, Döbeln und Roßwein zur Stelle. Die Schwerverletzten waren bereits um 4 Uhr morgens in den Krankenhäusern zu Frankenberg und Chemnitz untergebracht. Schwerverletzt sind 7 Reisende, die Anzahl der Leichtverletzten läßt sich jetzt noch nicht mit Bestimmtheit feststellen. Tot im Zuge aufgefunden wurden 4 Personen. Es ist Hoffnung vorhanden, daß weitere Tote sich nicht in den Trümmern finden werden.

Bei den sich widersprechenden Nachrichten lassen sich über die Zahl der tatsächlich Verunglückten nur Mutmaßungen anstellen. Während der amtliche Bericht nur 1 Person als getötet angibt, meldet das sonst durchaus zuverlässige Wolff-Bureau bereits 4 geborgene Tote und von Augenzeugen wird die Zahl als noch bedeutend höher angegeben. Nach der kurz vor Schluß der Redaktion eingegangenen Meldungen wurden 4 Personen, ein junger Photograph namens Bäßler und drei Frauen, deren Personalien noch nicht festgestellt sind, getötet, 7 schwer und zirka 30 leichtverletzt.

Unfallbericht in der Obererzgebirgischen Zeitung (16.12.1913)

Eisenbahnunglück am Harrastunnel
14. Dezember 1913

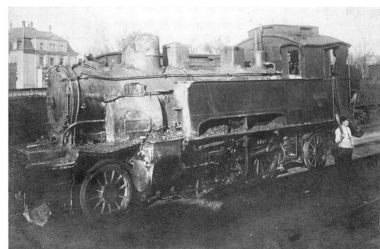

*Die Lok, sä. IV T,
Nummer 1727, die am
Harrastunnel verunglück-
te. Es war die Vorspannlok
des Zuges.*

154   Roßwein—Niederwiesa

BRAUNSDORF   Partie beim Bahnhof

Bahnhof Braunsdorf,

an der Strecke Roßwein—Niederwiesa gelegen und mit dem Abschnitt Hainichen—Niederwiesa am 1.3.1869 eröffnet. Links das Bahnhofsrestaurant. Ab 11.1.1919 nannte sich die Verkehrsstelle Braunsdorf (Zschopautal) und jetzt Braunsdorf-Lichtenwalde. Im Hintergrund das Schloß Lichtenwalde, dessen Besitzer Dietrich von Harras war. (1923)

Abgefertigte Personen:	69730
Bedeutung im Personenverkehr:	Platz 277
Kohlenbezug:	1103 to
Güterempfang:	20346 to
Güterversand:	18164 to
Bedeutung im Güterverkehr:	Platz 247
Zuständige Betriebsdirektion:	Chemnitz
Einwohner des Ortes:	300
Amtshauptmannschaft:	Flöha

Blick aus dem Abteilfenster eines Personenzuges
auf die Riesaer Elbbrücke

Nachdem die alte Brücke am 19.2.1876 durch
Hochflut und Eisgang zerstört worden war,
begann im Frühjahr 1877 der Bau dieser neuen
Elbbrücke. Im Februar 1878 konnte sie dann
zweigleisig befahren werden. Im Vordergrund der
Elbkai.

Gruss aus Ostrau (Sachsen)

Bahnhof Ostrau,
an der Strecke Riesa—Chemnitz gelegen und am
29.8.1847 mit dem Abschnitt Riesa—Döbeln
eröffnet. 1875/76 wurde der Bahnhof erweitert
und umgebaut. (1927)

Kohlenbezug:	12 339 t
Güterempfang:	30 711 t
Güterversand:	47 442 t
Bedeutung im Güterverkehr:	Platz 132
Zuständige Betriebsdirektion:	Chemnitz

Abgefertigte Personen:	58 309
Bedeutung im Personenverkehr:	Platz 311

Einwohner des Ortes:	953
Amtshauptmannschaft:	Döbeln

Döbeln.   Hauptbahnhof.

Bahnhof Döbeln.

Die Stadt Döbeln erhielt mit der Eröffnung der Strecke Riesa—Döbeln am 29.8.1847 Bahnanschluß. Später, im Jahre 1868, wechselte mit dem Bau der Strecke Borsdorf—Coswig auch der Standort des Bahnhofes. Das abgebildete Empfangsgebäude wurde 1870 fertiggestellt. Die Pferdebahn davor stellte 1926 ihren Betrieb ein.

Abgefertigte Personen:	429 571
Bedeutung im Personenverkehr:	Platz 41
Kohlenbezug:	40 026 t
Güterempfang:	143 441 t
Güterversand:	74 640 t
Bedeutung im Güterverkehr:	Platz 48
Zuständige Betriebsdirektion:	Chemnitz
Einwohner des Ortes:	19 627
Amtshauptmannschaft:	Döbeln

Dietenheimer Brücke b. Waldheim i. S.
28 m hoch

Dietenheimer Brücke 1906

Sie befindet sich an der Strecke Riesa—Chemnitz.
Die Strecke Limmritz—Chemnitz mit dem Viadukt
wurde am 1.9.1852 eröffnet. Die Brücke ist 168 m
lang und 28m hoch. Der Güterzug auf der Brücke
wird von zwei sä. VV gezogen.

³/₃ gekuppelte Güterzugs-Verbund-Lokomotive
Erbaut v. d. Aktien-Gesellschaft der Lokomotiv-Fabrik vorm. G. Sigl, Wiener Neustadt, 1890.
Dienstgewicht 42000 kg.

Sä. VV, Betriebsnummer 1005

Erbaut:	1890 von
	G.Sigl, Wien
Maximale Geschwindigkeit:	45 km/h
Kesselüberdruck:	12 bar
Treibraddurchmesser:	1390 mm
Gewicht ohne Tender leer:	37,5 t
Ausgemustert:	1924

Waldheim — Bahnviadukte von der Goldnen Höhe aus gesehen

Von der Strecke Riesa-Chemnitz zweigt die Bahnlinie Waldheim-Kriebethal ab.

Die Strecke wurde am 15.12.1896 nur für den Güterverkehr eröffnet. Ab 2.5.1897 wurde dann auch ein beschränkter Wochenend-Personenverkehr aufgenommen. Die Gerüstpfeilerbrücke (Bildmitte), erbaut 1895/96, ist 165 m lang und ca. 30 m hoch; Gewicht ca. 366 t. Die Baukosten betrugen 153 973 Mark. Im Hintergrund der Heiligenborner Viadukt.

Waldheim—Kriebethal   161

Gruss aus Erlau. Bahnhof.

Bahnhof Erlau

Er liegt an der Strecke Riesa—Chemnitz und wurde mit der Teilstrecke Limmritz—Chemnitz am 1.9.1852 eröffnet.

Abgefertigte Personen:	54505	Güterempfang:	12435 t
Bedeutung im Personenverkehr:	Platz 323	Güterversand:	4021 t
Kohlenbezug:	4194 t	Bedeutung im Güterverkehr:	Platz 406
		Zuständige Betriebsdirektion:	Chemnitz
		Einwohner des Ortes:	1157
		Amtshauptmannschaft:	Rochlitz

Mittweida   Viadukt der Industriebahn

Brücke der Industriebahn in Mittweida

Hier handelt es sich um die private Industrie-
bahnstrecke Mittweida Bf—Dreiwerden, die am
12.10.1906 in Betrieb genommen und am
15.5.1907 für den öffentlichen Güterverkehr
freigegeben wurde. Die Strecke ist 6,02 km lang.
Ab 1908 kam noch ein Abzweig von Mittweida
Ladestelle nach Ringethal hinzu. Hier eine sä. VT
vor einem Güterzug in Richtung Mittweida. Die
Aufnahme entstand 1907.

Lok sä. VT, Betriebsnummer 1599

Erbaut: 1896 von
  der Sächs. Maschinenfabrik, vormals R. Hartmann
Maximale Geschwindigkeit: 40 km/h
Kesselüberdruck: 12 bar
Treibraddurchmesser: 1240 mm
Gewicht leer: 33,1 t
Ausgemustert: 1926

Mittweida, Bahnhof

Bahnhof Mittweida.

Er liegt an der Strecke Riesa—Chemnitz und wurde mit der Strecke Limmritz—Chemnitz am 1.9.1852 eröffnet. 1895 erfolgte hier ein größerer Um-und Erweiterungsbau. Das abgebildete neue Bahnhofsgebäude wurde 1900 eingeweiht und gleichzeitig die alten Gebäude abgebrochen. Am Bahnsteig eine VIII V2 in Richtung Chemnitz.

Abgefertigte Personen:	308 459
Bedeutung im Personenverkehr:	Platz 65
Kohlenbezug:	47 722 t
Güterempfang:	164 846 t
Güterversand:	98 527 t
Bedeutung im Güterverkehr:	Platz 37
Zuständige Betriebsdirektion:	Chemnitz
Einwohner des Ortes:	18 426
Amtshauptmannschaft:	Rochlitz

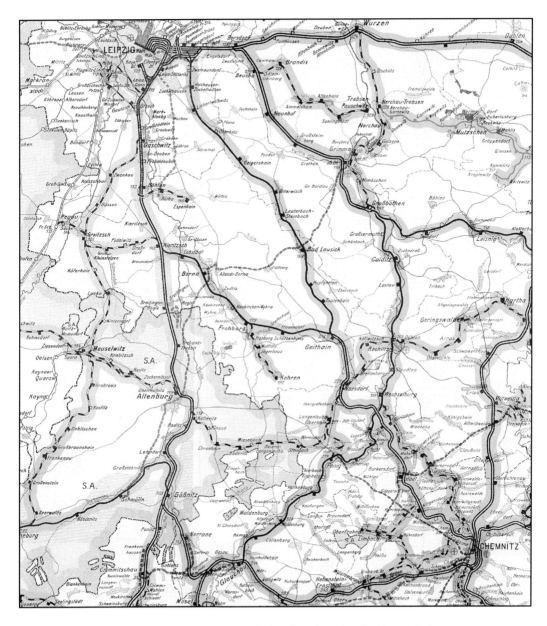

Kartenausschnitt mit dem Verlauf der Strecken Kieritzsch—Chemnitz, Frohburg—Kohren,
Glauchau—Wurzen, Leipzig—Geithain, Gaschwitz—Meuselwitz und Kieritzsch—Pegau

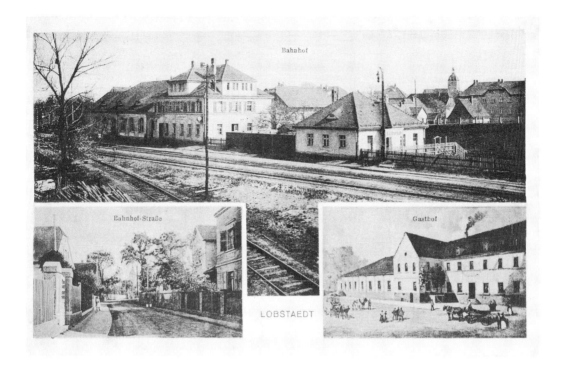

Bahnhof Lobstädt.

Er liegt an der Strecke Kieritzsch—Chemnitz und wurde mit dem Teilstück Kieritzsch—Borna am 14.1.1867 eröffnet. (1920)

Abgefertigte Personen:	86 691
Bedeutung im Personenverkehr:	Platz 230
Kohlenbezug:	2 683 t
Güterempfang:	15 607 t
Güterversand:	212 516 t
Bedeutung im Güterverkehr:	Platz 44
Zuständige Betriebsdirektion:	Leipzig II
Einwohner des Ortes:	1672
Amtshauptmannschaft:	Borna

Bahnhof

BORNA (Leipzig)

Bahnhof Borna,

mit dem Abschnitt Kieritzsch—Borna am 14.1.1867 eröffnet. Nachdem am 15.7.1901 bei Chemnitz ein Haltepunkt Borna eingerichtet war, erhielt der Bahnhof die Bezeichnung „Borna bei Leipzig". Abgebildet ist der neue Bahnhof, der mit seinen Anlagen am 1.10.1904 eröffnet wurde. (1920)

Abgefertigte Personen:	249 431
Bedeutung im Personenverkehr:	Platz 80
Kohlenbezug:	10 022 t
Güterempfang:	52 793 t
Güterversand:	474 140 t
Bedeutung im Güterverkehr:	Platz 14
Zuständige Betriebsdirektion:	Leipzig II
Einwohner des Ortes:	9 201
Amtshauptmannschaft:	Borna

Kohren

Kohren.

Die 8 km lange Strecke Frohburg—Kohren, eröffnet am 1.5.1906, zweigte in Frohburg von der Linie Kieritzsch—Chemnitz ab. Die Abbildung vermittelt einen Eindruck von diesem landschaftlich schönen Streckenabschnitt bei Kohren. Der ankommende Personenzug wird von einer sä. VIII T gezogen. 1968 wurde der Reiseverkehr auf dieser Strecke eingestellt. (1919)

Abgefertigte Personen:	26 351
Bedeutung im Personenverkehr:	Platz 467
Kohlenbezug:	10 022 t
Güterempfang:	5 720 t
Güterversand:	1 898 t
Bedeutung im Güterverkehr:	Platz 534
Zuständige Betriebsdirektion:	Leipzig II
Einwohner des Ortes:	820
Amtshauptmannschaft:	Borna

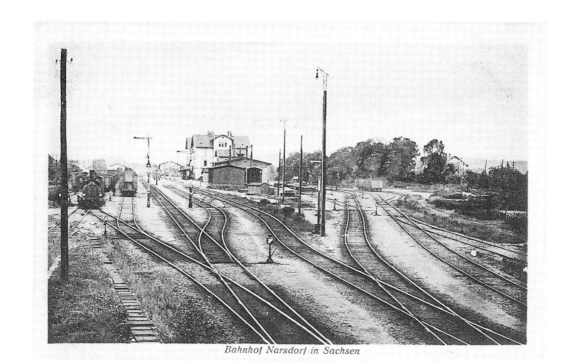
Bahnhof Narsdorf in Sachsen

Bahnhof Narsdorf,

mit der Strecke Rochlitz—Penig am 8.4.1872
eröffnet. Zum gleichen Zeitpunkt wurde auch die
Strecke Borna—Chemnitz über Narsdorf in
Betrieb genommen. Somit kreuzten sich hier die
beiden Linien Kieritzsch—Chemnitz und
Rochlitz—Penig. Ein typischer Inselbahnhof.

Abgefertigte Personen: 71970

Bedeutung im Personenverkehr:	Platz 269
Kohlenbezug:	5 556 t
Güterempfang:	9 367 t
Güterversand:	10 420 t
Bedeutung im Güterverkehr:	Platz 367
Zuständige Betriebsdirektion:	Leipzig II
Einwohner des Ortes:	300
Amtshauptmannschaft:	Borna

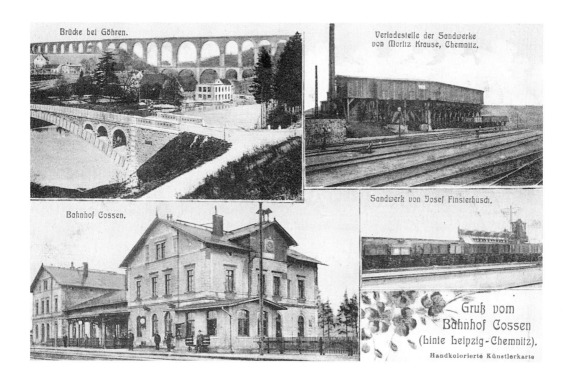

Brücke bei Göhren.

Verladestelle der Sandwerke von Moritz Krause, Chemnitz.

Sandwerk von Josef Finsterbusch.

Bahnhof Cossen.

Gruß vom Bahnhof Cossen (Linie Leipzig-Chemnitz).

Handkolorierte Künstlerkarte

Bahnhof Cossen,

an der Strecke Kieritzsch—Chemnitz am 8.4.1872 eröffnet. 1890 wurde der Bahnhof umgebaut und erweitert. Die in der Nähe befindlichen Sandwerke von Moritz Krause und Josef Finsterbusch (Abbildungen rechts) ließen den Güterversand hier beachtlich ansteigen. (1914)

Abgefertigte Personen: 152088

Bedeutung im Personenverkehr:	Platz 136
Kohlenbezug:	1366 t
Güterempfang:	3274 t
Güterversand:	99218 t
Bedeutung im Güterverkehr:	Platz 95
Zuständige Betriebsdirektion:	Chemnitz
Einwohner des Ortes:	345
Amtshauptmannschaft:	Rochlitz

Burgstädt   *Bahnhof*

Bahnhof Burgstädt,

an der Linie Kieritzsch—Chemnitz gelegen und mit dem Abschnitt Borna—Chemnitz am 8.4.1872 eröffnet. Bereits 1875 wurde die Gleisanlage erweitert, 1887 erfolgte eine Veränderung der Bahnhofseinfahrten aus Richtung Wittgensdorf. Die Aufnahme entstand um 1900.

Abgefertigte Personen:	450865
Bedeutung im Personenverkehr:	Platz 39
Kohlenbezug:	28673 t
Güterempfang:	64460 t
Güterversand:	8983 t
Bedeutung im Güterverkehr:	Platz 140
Zuständige Betriebsdirektion:	Chemnitz
Einwohner des Ortes:	8175
Amtshauptmannschaft:	Rochlitz

Bahnhof Wittgensdorf,

mit dem Streckenabschnitt Borna—Chemnitz am 8.4.1872 eröffnet. Die Aufnahme entstand um 1900.

Personen:	86447
Bedeutung im Personenverkehr:	Platz 231
Kohlenbezug:	7962 t

Güterempfang:	16997 t
Güterversand:	16452 t
Bedeutung im Güterverkehr:	Platz 274
Zuständige Betriebsdirektion:	Chemnitz
Einwohner des Ortes:	6258
Amtshauptmannschaft:	Chemnitz

Bahnhof Nerchau-Trebsen.

Nerchau-Trebsen.

Die Station Nerchau wurde mit dem Teilstück der Muldentalbahn Großbothen—Wurzen am 30.6. 1877 eröffnet und später, ab 15.10.1879, in Nerchau-Trebsen umbenannt. Die Einbindung der Schmalspurbahn aus Mügeln im Jahre 1888 erforderte umfangreiche Um- und Erweiterungsbauten. Die Aufnahme zeigt die Regelspurseite. (1911)

Abgefertigte Personen:	74 045
Bedeutung im Personenverkehr:	Platz 262
Kohlenbezug:	32 534 t
Güterempfang:	78 831 t
Güterversand:	35 810 t
Bedeutung im Güterverkehr:	Platz 86
Zuständige Betriebsdirektion:	Leipzig II
Einwohner des Ortes:	1465 für Trebsen
Amtshauptmannschaft:	Grimma

Bahnhofsgebäude.

Gruss aus Nerchau. *[handwritten greeting]*

Station Nerchau,
an der Muldentalbahn Großbothen—Wurzen am 15.10.1879 als Personenhaltestelle eröffnet und ab 1.3.1908 auch für den unbeschränkten Güterverkehr freigegeben. (1907)

Abgefertigte Personen:	56 367
Bedeutung im Personenverkehr:	Platz 319

Kohlenbezug:	5 146 t
Güterempfang:	13 149 t
Güterversand:	13 558 t
Bedeutung im Güterverkehr:	Platz 306
Zuständige Betriebsdirektion:	Leipzig II
Einwohner des Ortes:	2 592
Amtshauptmannschaft:	Grimma

LUNZENAU a. Mulde. Göhrener-Brücke im Muldental.

Die Göhrener Brücke an der Strecke
Kieritzsch—Chemnitz mit der Muldentalbahn

Die Brücke wurde 1870/71 erbaut. Sie ist 425 m
lang und 68 m hoch. Rechts die Muldentalbahn
mit einer Lz in Richtung Wechselburg. Es ist eine
sä. IIIb.

Sächsische Personenzuglok IIIb,
Betriebsnummer 423 (bei DRG 34 7763)

Erbaut: 1891 von der
        Sächs. Maschinenfabrik, vormals R. Hartmann
Maximale Geschwindigkeit: 70 km/h
Kesselüberdruck: 10 bar
Treibraddurchmesser: 1560 mm
Gewicht ohne Tender leer: 33,5 t
Ausgemustert: 1926

Bahnhof Lunzenau

Gruss aus dem schönen Muldental

Bahnhof Lunzenau,
an der Strecke Glauchau—Wurzen gelegen und
mit dem Abschnitt Penig—Rochlitz am 29.5.1876
eröffnet. 1886 bekam das Stationsgebäude einen
Küchenanbau. (1912)

Abgefertigte Personen:	74 578
Bedeutung im Personenverkehr:	Platz 258

Kohlenbezug:	20 835 t
Güterempfang:	42 337 t
Güterversand:	16 493 t
Bedeutung im Güterverkehr:	Platz 174
Zuständige Betriebsdirektion:	Leipzig II
Einwohner des Ortes:	4 153
Amtshauptmannschaft:	Rochlitz

Die Bahnmeisterei GW II stellte sich in Penig
dem Fotografen. Die beiden Signalscheiben
bedeuten Anfang und Ende einer Langsam-
fahrstrecke.

Gruss aus Lausigk

Photogr. u. Verlag von Max Schindler, Lausigk

Bahnhof Lausigk,

mit der 44 km langen Strecke Leipzig—Geithain am 2.5.1887 eröffnet. Bereits 1898 wurden die Gleisanlage und der Ladeplatz erweitert. Der Bahnhof (ab 26.7.1913 Bad Lausigk) war die bedeutendste Unterwegsstation dieser Strecke. (1915)

Bedeutung im Personenverkehr:	Platz 207
Kohlenbezug:	12 230 t
Güterempfang:	31 348 t
Güterversand:	50 299 t
Bedeutung im Güterverkehr:	Platz 127
Zuständige Betriebsdirektion:	Leipzig II
Einwohner des Ortes:	3 433
Amtshauptmannschaft:	Borna

Abgefertigte Personen: 99 169

Bahnhof Groitzsch,

mit der Strecke Gaschwitz—Meuselwitz am 7.9.1874 eröffnet. Durch die Inbetriebnahme der 15 km langen Strecke Kieritzsch—Pegau am 1.10.1909, die hier kreuzt, wurden Bahnhofsumbauten erforderlich.

Abgefertigte Personen:	158 154
Bedeutung im Personenverkehr:	Platz 127
Kohlenbezug:	15 883 t
Güterempfang:	52 077 t
Güterversand:	27 021 t
Bedeutung im Güterverkehr:	Platz 129
Zuständige Betriebsdirektion:	Leipzig I
Einwohner des Ortes:	5 609
Amtshauptmannschaft:	Borna

Zwenkau
Bahnhof

Am Bahnwärterhäuschen i. d. Harth

Bahnhof Zwenkau,
mit der 28 km langen Strecke Gaschwitz—Meuselwitz am 7.9.1874 zunächst als Güterstation eröffnet. Sie wurde dann später, am 1.11.1878, in eine Haltestelle umgewandelt. 1957 mußte der Streckenabschnitt Gaschwitz—Zwenkau

dem Braunkohlenabbau weichen. (1926)

Abgefertigte Personen:	307349
Bedeutung im Personenverkehr:	
	Platz 67
Kohlenbezug:	22 928 t
Güterempfang:	33 179 t
Güterversand:	31 714 t
Bedeutung im Güterverkehr:	Platz 157
Zuständige Betriebsdirektion:	Leipzig I
Einwohner des Ortes:	4 661
Amtshauptmannschaft:	Leipzig

Bahnhofstrasse

Bahnhof

Verlag Otto Gutzschebauch, Pegau

Pegau

Bahnhof Pegau.

Hier war der Endpunkt der Sächsischen Linie Kieritzsch—Pegau und der Anschluß an die Preußische Linie Leipzig—Zeitz. Rechts im Bild der Bahnhof der Preußischen Staatsbahn. Im Hintergrund, auf Höhe der Sachsenflagge, zweigt die Bahnlinie nach Kieritzsch ab.

Abgefertigte Personen:	10 104
Bedeutung im Personenverkehr:	Platz 633
Kohlenbezug:	5 709 t
Güterempfang:	6 642 t
Güterversand:	3 265 t
Bedeutung im Güterverkehr:	Platz 494
Zuständige Betriebsdirektion:	Leipzig I
Einwohner des Ortes:	5 785
Amtshauptmannschaft:	Borna

(Die Angaben beziehen sich auf den Bahnhof der Preußischen Staatsbahn.)

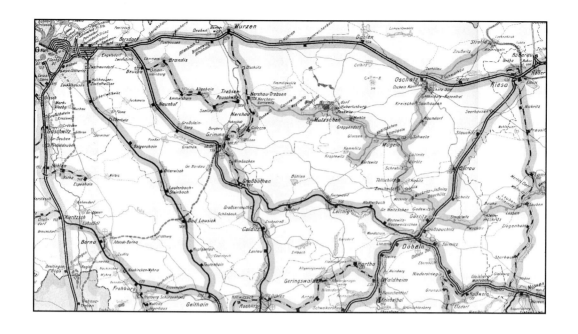

Kartenausschnitt mit dem Verlauf der Strecken
Böhlen—Espenhain, Leipzig—Dresden, Borsdorf—
Coswig und Waldheim—Rochlitz

184

RÖTHA i. Sa.

Bahnhof.

Bahnhof Rötha,

mit der Strecke Böhlen—Espenhain am 1.5.1913 eröffnet. Die Strecke ist 7 km lang und zweigt in Böhlen von der Leipzig-Hofer Linie ab. (1914)

Abgefertigte Personen:	91526 (1915)	Güterempfang:	15669 t (1915)
		Güterversand:	10837 t (1915)
Bedeutung im Personenverkehr:	213 Platz (1915)	Bedeutung im Güterverkehr:	273 Platz (1915)
Kohlenbezug:	8700 t (1915)	Zuständige Betriebsdirektion:	Leipzig I
		Einwohner des Ortes:	3112
		Amtshauptmannschaft:	Borna

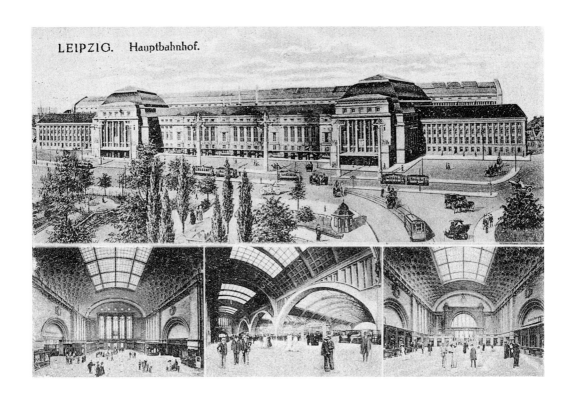

Der Leipziger Hauptbahnhof

Er wurde auf dem Gelände des ehemaligen Berliner, des Thüringer, des Magdeburger und des Dresdner Bahnhofes erbaut. Die Grundsteinlegung für das Empfangsgebäude war am 16.11.1909. Der Abbruch der alten Bahnhöfe und der Bau des neuen Hauptbahnhofes erfolgten ohne größere Verkehrseinschränkungen, was zweifellos eine

Meisterleistung war. Am 1.10.1915 wurde der neue Hauptbahnhof in Betrieb genommen. Oben im Bild die Frontansicht des Empfangsgebäudes mit den beiden Empfangshallen (links die Westhalle, rechts die Osthalle). Die Abbildungen darunter geben einen Einblick in beide Hallen, in der Bildmitte der Querbahnsteig. (1925)

LEIPZIG. Postbahnhof.

Leipzig Postbahnhof

Die in Verbindung mit dem Leipziger Hauptbahnhof errichtete Anlage wurde 1911 fertiggestellt.
Mit ihren 29 Gleisen, 16 Bahnsteigen und einem
Querbahnsteig galt sie damals als der weltweit
größte Postbahnhof. (1913)

Leipzig—Dresden   187

Leipzig, Dresdner Bahnhof.

Er befand sich auf der Ostseite des späteren Hauptbahnhofes und war Ausgangspunkt für die Strecken nach Dresden und nach Chemnitz (über Geithain). Am 1.2.1913 wurde der Dresdner Bahnhof für den Personenverkehr geschlossen und anschließend abgebrochen. Der Grundstein des Dresdner Bahnhofes bildete zugleich den Schlußstein des neuerbauten Leipziger Hauptbahnhofes. Links im Bild ist noch ein Teil des Magdeburger Bahnhofes zu sehen. (1909)

Abgefertigte Personen:	250 1936
Bedeutung im Personenverkehr:	Platz 5
Kohlenbezug:	170 821 t
Güterempfang:	594 012 t
Güterversand:	156 466 t
Bedeutung im Güterverkehr:	Platz 11
Zuständige Betriebsdirektion:	Leipzig II
Einwohner des Ortes:	613 670
Amtshauptmannschaft:	Leipzig

Engelsdorf,

an der Strecke Leipzig—Dresden gelegen, wurde als Haltestelle am 1.2.1894 für den allgemeinen Wagenladungsverkehr eröffnet und in den darauffolgenden Jahren zum großen Rangierbahnhof ausgebaut. Da hier kein natürliches Gefälle vorhanden war, errichtete man zwei Ablaufberge, auch Eselsrücken genannt. Mit der 1906 geschaffenen Verbindung zwischen Engelsdorf und der Linie Leipzig—Geithain wurden der bisherige Bahnhof und der Rangierbahnhof Engelsdorf zu einer Station vereint. Die Abbildung zeigt ein Gebäude der Güterabfertigung. (1913)

Kohlenbezug:	35 681 t
Güterempfang:	94 482 t
Güterversand:	15 558 t
Bedeutung im Güterverkehr:	Platz 92
Zuständige Betriebsdirektion:	Leipzig II
Einwohner des Ortes:	2465
Amtshauptmannschaft:	Leipzig

BORSDORF — Ost

Bahnhof Borsdorf,

mit dem Abschnitt Althen—Gerichshain am
12.11.1837 als Haltepunkt eröffnet. In den
darauffolgenden Jahren wurde dieser ständig
vergrößert, ab 14.5.1866 auch Ausgangspunkt
der Strecke Borsdorf—Coswig.

Abgefertigte Personen:	371 728
Bedeutung im Personenverkehr:	Platz 49
Kohlenbezug:	15 506 t
Güterempfang:	38 382 t
Güterversand:	12 873 t
Bedeutung im Güterverkehr:	Platz 193
Zuständige Betriebsdirektion:	Leipzig II
Einwohner des Ortes:	2765
Amtshauptmannschaft:	Grimma

WURZEN
Bahnhof

Bahnhof Wurzen,

ehemals Station der Leipzig-Dresdner-Eisenbahn, mit dem Streckenabschnitt Machern—Wurzen am 31.7.1838 eröffnet. 1879 kam die Strecke von Großbothen (Muldenthalbahn) hinzu. Die Aufnahme entstand um 1905.

Abgefertigte Personen:	422339	Kohlenbezug:	97155 t
Bedeutung im Personenverkehr:	Platz 44	Güterempfang:	210170 t
		Güterversand:	210746 t
		Bedeutung im Güterverkehr:	Platz 19
		Zuständige Betriebsdirektion:	Leipzig II
		Einwohner des Ortes:	18582
		Amtshauptmannschaft:	Grimma

DAHLEN i. S.
Bahnhof

Bahnhof Dahlen,
ebenfalls eine Station der Leipzig-Dresdner-
Eisenbahn, am 16.9.1838 mit dem Abschnitt
Wurzen—Dahlen eröffnet. Das abgebildete
Empfangsgebäude wurde erst 1887 fertiggestellt,
zuvor erfüllte ein umfunktionierter Gasthof diese
Funktion. Der Zug steht in Richtung Leipzig,
voran eine sä. VIII V2. (1910)

Abgefertigte Personen:	88992

Bedeutung im Personenverkehr:	Platz 225
Kohlenbezug:	10687 t
Güterempfang:	26552 t
Güterversand:	16343 t
Bedeutung im Güterverkehr:	Platz 227
Zuständige Betriebsdirektion:	Leipzig II
Einwohner des Ortes:	3051
Amtshauptmannschaft:	Oschatz

Groß Oschatz Am Bahnhof

[handwritten message]

Reinicke & Rubin, Magdeburg 4436

Bahnhof Oschatz,

mit dem Abschnitt Dahlen—Oschatz am
3.11.1838 eröffnet. Die damalige Station
Oschatz-Zschöllau erfur ab 1879 größere Veränderungen, mit denen auch eine Trennung der
Anlagen des Personenverkehrs vom Güterverkehr
verbunden war. 1885 wurde die Schmalspurbahn
nach Mügeln aufgenommen. Links im Bild ein
ausfahrender Schmalspurzug, gezogen von einer
IK. (1904)

Abgefertigte Personen:	203 590
Bedeutung im Personenverkehr:	Platz 100
Kohlenbezug:	36 400 t
Güterempfang:	174 847 t
Güterversand:	118 735 t
Bedeutung im Güterverkehr:	Platz 29
Zuständige Betriebsdirektion:	Leipzig II
Einwohner des Ortes:	10 818
Amtshauptmannschaft:	Oschatz

Bahnhof.

Riesa

589 Gebrüder Richter, Dresden.

Bahnhof Riesa.

Die damalige Ortschaft hatte schon 1839 eine Station an der Leipzig—Dresdner Eisenbahn. Der hier abgebildete Bahnhof mit seinen Anlagen entstand 1878/79. Dabei wurde der Chemnitzer Bahnhof in Riesa überflüssig und 1880 abgebrochen.

Abgefertigte Personen:	500 707
Bedeutung im Personenverkehr:	Platz 33
Kohlenbezug:	180 099 t
Güterempfang:	673 283 t
Güterversand:	865 203 t
Bedeutung im Güterverkehr:	Platz 2
Zuständige Betriebsdirektion:	Leipzig II
Einwohner des Ortes:	15 287
Amtshauptmannschaft:	Großenhain

Röderau - Bahnhof

Bahnhof Röderau,

ehemals Haltepunkt an der Leipzig-Dresdner Eisenbahn, mit dem Streckenabschnitt Riesa—Oberau am 7.4.1839 eröffnet. Am 1.10.1848 erfolgte die Inbetriebnahme der beiden Verbindungsbögen nach Riesa und Langenberg (Dresden). Damit erhielt die Strecke von Jüterbog kommend, Anschluß an die Leipzig-Dresdner Eisenbahn, und Röderau war nunmehr Grenzbahnhof zur Preußischen Staatsbahn.

Abgefertigte Personen:	41434
Bedeutung im Personenverkehr:	Platz 386
Kohlenbezug:	928 t
Güterempfang:	8519 t
Güterversand:	4980 t
Bedeutung im Güterverkehr:	Platz 437
Zuständige Betriebsdirektion:	Leipzig II
Einwohner des Ortes:	1892
Amtshauptmannschaft:	Großenhain

Königreich Sachsen.

Dresden, 30. Mai. Auch dieses Jahr haben uns zu den Pfingstfeiertagen die Eisenbahnen und Dampfschiffe viele Tausend gern gesehene Gäste zugeführt. Am lebhaftesten war der Verkehr auf dem Bahnhofe der Leipzig-Dresdner Bahn, wo in der Zeit von Sonnabend Nachmittag bis Sonntag außer den gewöhnlichen Zügen nicht weniger als 7 Extrazüge (nämlich 2 von Berlin und 5 von Leipzig und Chemnitz) angekommen und vier abgegangen sind! Wie umsichtig und praktisch die hierzu nöthigen Vorkehrungen von Seiten der Direction der gedachten Bahn getroffen waren, geht aus der Thatsache hervor, daß von den durch sie am ersten Feiertage von Leipzig zu befördernden 3 Extrazügen der erste (welcher den Haupttrupp der Leipziger brachte, um 5 Uhr früh in Leipzig abgegangen war und nur in Wurzen und Riesa zur Wassereinnahme angehalten hatte) schon wenige Minuten nach 8 Uhr, der zweite (mit den Resten der Leipziger und den Passagieren der Zwischenstationen bis Riesa) um 9 Uhr und der dritte (mit den Chemnitzern und den Passagieren der Stationen von Riesa her) gegen 10 Uhr in Dresden anlangte. Die Zahl der auf der Leipziger Bahn mit den Extrazügen aus Berlin eingetroffenen Personen wird auf 1200, die der Extrazüge aus Leipzig und Chemnitz auf circa 3000, die nach Leipzig und Chemnitz abgegangenen auf 1800 geschätzt. Auch auf der sächsisch-schlesischen und der sächsisch-böhmischen Staatsbahn, die beide die Giltigkeit der Tagesbillets in sehr dankenswerther Weise verlängert haben, sowie auf der Alberts-bahn fand ein entsprechender Verkehr statt, und wenn man dazu berücksichtigt, daß durch die Dampfschifffahrt während der beiden Feiertage von Dresden circa 8000 Menschen stromaufwärts und 5000 stromabwärts, sowie 12,000 wiederum nach Dresden befördert worden sind, so wird man sich ungefähr ein Bild von dem hier herrschenden „Pfingstverkehr" selbst entwerfen können. Leider war die Witterung nicht günstig; wir hatten regnerisches, kaltes Wetter, und viele Gäste, die in einfacher, leichter „Berliner Sommerkleidung" hier eingetroffen waren, werden von dieser Pfingstreise nicht eben sehr erbaut heimkehren. Zum Troste mag es indessen dienen, daß in Berlin ganz dasselbe Wetter herrschte, und in Leipzig hat es am ersten Feiertage sogar eine Zeit lang geschneit!

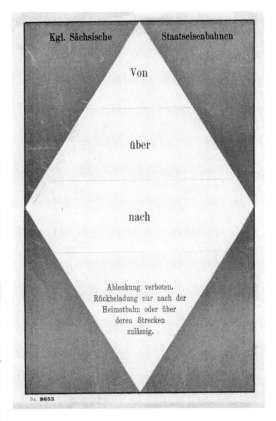

Pfingstverkehr auf der Leipzig-Dresdner Eisenbahn 1860

Wagenlaufzettel

Gruss aus Beucha

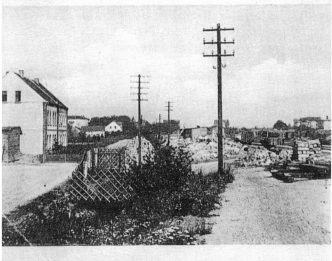

Bahnhof Beucha,
an der Strecke Borsdorf—Coswig
gelegen und mit dem Abschnitt
Borsdorf—Grimma am 14.5.1866
eröffnet. Vor der Inbetriebnahme
eines Abzweiges nach Seelingstädt
am 10.12.1898 mußten die Gleisanlagen erweitert und das Empfangsgebäude umgebaut werden.
Mit der neuen Bahnlinie wurden
zugleich auch mehrere Stein-
brüche dieser Region erschlossen,
was sich auf die Entwicklung des
Güterversands auswirkte. Ab 1.10.
1902 wurde die Strecke zwischen
Borsdorf und Beucha zweigleisig
betrieben.

Abgefertigte Personen:	183 186	Güterversand:	167 633 t
Bedeutung im Personenverkehr:	Platz 110	Bedeutung im Güterverkehr:	Platz 54
Kohlenbezug:	4 625 t	Zuständige Betriebsdirektion:	Leipzig II
Güterempfang:	9 043 t	Einwohner des Ortes:	1 352
		Amtshauptmannschaft:	Grimma

Kaiserl. Postamt

Naunhof

Bahnhof Naunhof,

mit dem Abschnitt Borsdorf—Grimma am 14.5. 1866 eröffnet. Das abgebildete Stationsgebäude wurde 1881 fertiggestellt und das vorherige als Wirtschaftsgebäude umgebaut. Am 14.11.1902 wurde der zweigleisige Betrieb von hier nach Borsdorf aufgenommen.

Abgefertigte Personen: 262 686

Bedeutung im Personenverkehr:	Platz 76
Kohlenbezug:	15 466 t
Güterempfang:	35 398 t
Güterversand:	82 250 t
Bedeutung im Güterverkehr:	Platz 83
Zuständige Betriebsdirektion:	Leipzig II
Einwohner des Ortes:	3 499
Amtshauptmannschaft:	Grimma

Gruss aus Grossbothen   Bahnhof

736 Verlag Ernst Jäger, Grimma.

Bahnhof Großbothen,

mit dem Streckenabschnitt Grimma—Leisnig am
27.10.1867 eröffnet. Das abgebildete Empfangs-
gebäude entstand erst 1876 mit dem Bau der
Muldenthalbahn, die hier die Strecke Borsdorf—
Coswig kreuzte. Großbothen war damit zum
Inselbahnhof geworden. (1912)

Abgefertigte Personen:	11 328
Bedeutung im Personenverkehr:	Platz 179
Kohlenbezug:	1912 t
Güterempfang:	8434 t
Güterversand:	11 146 t
Bedeutung im Güterverkehr:	Platz 369
Zuständige Betriebsdirektion:	Leipzig II
Einwohner des Ortes:	838
Amtshauptmannschaft:	Grimma

Leisnig i. Sa.
Bahnhof
1919.

Bahnhof Leisnig,

mit dem Sreckenabschnitt Grimma—Leisnig am 27.10.1867 eröffnet. Der Bahnhof, von vornherein großzügig gebaut, erfuhr später nur unbedeutende Veränderungen an der Gleisanlage.

Abgefertigte Personen:	164 170
Bedeutung im Personenverkehr:	Platz 122
Kohlenbezug:	18 916 t
Güterempfang:	50 876 t
Güterversand:	32 591 t
Bedeutung im Güterverkehr:	Platz 123
Zuständige Betriebsdirektion:	Leipzig II
Einwohner des Ortes:	8001
Amtshauptmannschaft:	Döbeln

rechte Seite:

Auf der Strecke Borsdorf—Coswig bei Leisnig, vor dem Zug eine sä. VIII V2

Sächsische Schnellzuglok VIII V2, Betriebsnummer 569

Erbaut:	1900 von der Sächs. Maschinenfabrik, vormals R. Hartmann
Maximale Geschwindigkeit:	80 km/h
Kesselüberdruck:	13 bar
Treibraddurchmesser:	1590 mm
Gewicht ohne Tender:	49 t

Blick a. Leisnig *Der Zug fährt nach der Himmel!!*

1. 1905.

2/4 gekuppelte Personenzugs-Verbund-Lokomotive

Erbaut v. d. Sächs. Maschinenfabrik zu Chemnitz vorm. Rich. Hartmann, 1900.

Dienstgewicht 54500 kg.

Haltestelle

Döbeln

Mohr & Dutzauer, Leipzig. No. 100.

Bahnhof Döbeln-Ost,

vor dem 1.10.1905 noch Haltepunkt Döbeln. Das Empfangsgebäude wurde 1895 erweitert. Am 11.12.1905 waren die neuen Güterverkehrsanlagen fertiggestellt worden. (1902)

Kohlenbezug:	13 474 t
Güterempfang:	37 234 t
Güterversand:	15 840 t
Bedeutung im Güterverkehr:	Platz 184
Zuständige Betriebsdirektion:	Leipzig II
Einwohner des Ortes:	19 627
Amtshauptmannschaft:	Döbeln

Abgefertigte Personen:	159 617
Bedeutung im Personenverkehr:	Platz 126

Nossen Bahnhof

Bahnhof Nossen,

mit dem Abschnitt Döbeln—Nossen am 22.12.1868 eröffnet. Eine Erweiterung der Gleisanlagen erfolgte 1894 mit der Einmündung der Bahnlinie Riesa—Nossen. 1899 kam noch die 750-mm-Schmalspurbahn von Wilsdruff hinzu.

Abgefertigte Personen:	243 324
Bedeutung im Personenverkehr:	Platz 84
Kohlenbezug:	32 416 t
Güterempfang:	89 869 t
Güterversand:	38 002 t
Bedeutung im Güterverkehr:	Platz 73
Zuständige Betriebsdirektion:	Leipzig II
Einwohner des Ortes:	5 132
Amtshauptmannschaft:	Meißen

Rosswein.   Bahnhof.

This is the station + hotel (handwritten)

Verlag von Max Guhlmann, Rosswein.

Bahnhof Roßwein,

an der Strecke Borsdorf—Coswig wurde am 22.10. 1868 eröffnet. Das Empfangsgebäude hat seitdem kaum Veränderungen erfahren. Ab 28.8.1874 zweigte von hier noch die Strecke Roßwein—Hainichen, später bis Niederwiesa, ab. (1908)

Abgefertigte Personen:	242 416
Bedeutung im Personenverkehr:	Platz 85
Kohlenbezug:	29 663 t
Güterempfang:	66 956 t
Güterversand:	29 063 t
Bedeutung im Güterverkehr:	Platz 98
Zuständige Betriebsdirektion:	Leipzig II
Einwohner des Ortes:	9 211
Amtshauptmannschaft:	Döbeln

Geringswalde i. S.　　　　　　　　　　Bahnhof

Bahnhof Geringswalde,
zunächst als Haltestelle (ab 1900 Bahnhof) mit
der 20,690 km langen Bahnlinie Waldheim—
Rochlitz am 7.12.1893 eröffnet. Der Güterzug mit
einer sä. IIIb fährt in Richtung Rochlitz.

Abgefertigte Personen:	110 152
Bedeutung im Personenverkehr:	Platz 185
Kohlenbezug:	10 848 t
Güterempfang:	26 166 t
Güterversand:	9 812 t
Bedeutung im Güterverkehr:	Platz 264
Zuständige Betriebsdirektion:	Leipzig II
Einwohner des Ortes:	4 499
Amtshauptmannschaft:	Rochlitz

Hartha i. Sa.
Bahnhof

Bahnhof Hartha,

ebenfalls an der Strecke Waldheim—Rochlitz gelegen. In der Bildmitte das Empfanggebäude, rechts davon das Wirtschaftsgebäude. Der Güterzug fährt in Richtung Rochlitz (1909)	

Kohlenbezug:	16 279 t
Güterempfang:	40 668 t
Güterversand:	12 117 t
Bedeutung im Güterverkehr:	Platz 186
Zuständige Betriebsdirektion:	Leipzig II

Abgefertigte Personen:	127 183
Bedeutung im Personenverkehr:	Platz 164
Einwohner des Ortes:	128
Amtshauptmannschaft:	Rochlitz

Schmalspurbahnen

Bahnhofs-Hotel zur Linde, Mülsen St. Jacob, Besitzer Curt Ludwig :: Telefon 336

Haltestelle Mülsen St. Jacob

an der am 1.11.1885 eröffneten Schmalspurbahn Mosel—Ortmannsdorf. Im Jahre 1951 wurde der Betrieb auf dieser Strecke eingestellt. (1917)

Kohlenbezug:	545 t
Güterempfang:	3126 t

Güterversand:	244 t
Bedeutung im Güterverkehr:	Platz 653
Zuständige Betriebsdirektion:	Zwickau
Einwohner des Ortes:	3883
Amtshauptmannschaft:	Glauchau

KIRCHBERG I. SA.,
BAHNHOF.

Bahnhof Kirchberg,

am 17.10.1881 mit dem Streckenteil Wilkau—
Kirchberg eröffnet. Die Bahnhofsgebäude verän-
derten sich seitdem kaum. 1973 wurde der
Reiseverkehr eingestellt.(1908)

Kohlenbezug: 21741 t

Güterempfang:	37936 t
Güterversand:	25449 t
Bedeutung im Güterverkehr:	Platz 164
Zuständige Betriebsdirektion:	Zwickau
Einwohner des Ortes:	7227
Amtshauptmannschaft:	Zwickau

Unfall am 16.8.1903 zwischen Rothenkirchen und Obercrinitz auf der Schmalspurstrecke Wilkau—Carlsfeld (1903)

Telegramm des Chemnitzer Tageblattes.

Montag, den 17. Aug. 1903.

n. Zwickau, 17. August. Eisenbahnunfall. Der 9 Uhr abends von Schönheide nach Kirchberg verkehrende Personenzug Nr. 3153 ist am Sonntag, den 16. d. M., abends gegen ¼10 Uhr zwischen Ober-Crinitz und Bärenwalde mit der Maschine und 8 Personenwagen entgleist. Getödtet sind dabei 3 Personen, während etwa 20 Personen schwere und 20 Personen leichte Verletzungen davontrugen. Die Untersuchung ist sofort eingeleitet worden. Der Personenverkehr wird durch Umsteigen aufrecht erhalten. Getötet sind: Bergarbeiter August Höhrig, Bergarbeitersehefrau Emma Pampel und Bergarbeiter Wenzel aus Niederplanitz.

Zur Erinnerung
an die aus dem Feindesland Heimkehrenden:
Geschmückter Bahnhof Schönheide 1919

Bahnhof Schönheide,

an der Strecke Wilkau—Carlsfeld gelegen und mit dem Streckenteil Saupersdorf—Wiltzschhaus am 16.12.1893 eröffnet. Vorn im Bild das Empfangsgebäude und rechts der Güterboden. Für die aus dem Ersten Weltkrieg heimkehrenden Soldaten hatte man die Bahnhöfe geschmückt. (1926)

Kohlenbezug:	5979 t
Güterempfang:	12312 t
Güterversand:	1024 t
Bedeutung im Güterverkehr:	Platz 442
Zuständige Betriebsdirektion:	Zwickau
Einwohner des Ortes:	7597
Amtshauptmannschaft:	Schwarzenberg

Brücke Wilzschhaus.

Brücke bei Stützengrün.

22. Mai 1900.

Freundliche Grüße.

Die linke Abbildung zeigt den Muldentalviadukt,
bei dem noch Reste des Baugerüstes zu erkennen
sind. Die Brücke war 162 m lang und 12,5 m hoch.
Rechts der große Stützengrüner Viadukt, aufgenommen nach dessen Vollendung im Jahre 1893.
Seine Länge betrug 118,5 m, die Höhe 21 m.
(1900)

Carlsfeld i. Erzgeb. - 821 Meter ü. d. M.

Bahnhof Carlsfeld,

Endpunkt der Schmalspurbahn von Wilkau,
mit der Teilstrecke Wiltzschhaus—Carlsfeld am
11.6.1897 eröffnet. Rechts im Bild das Glas-
hüttenwerk, das Gleisanschluß hatte. Die Strecke
wurde 1967 stillgelegt.

Kohlenbezug: 6 490 t

Güterempfang:	11 403 t
Güterversand:	7 198 t
Bedeutung im Güterverkehr:	Platz 380
Zuständige Betriebsdirektion:	Zwickau
Einwohner des Ortes:	1 788
Amtshauptmannschaft:	Schwarzenberg

Lok I M vor dem Gasthof Unterheinsdorf

Aufnahmen dieser Lokomotive IM mit Dachaufbau
sind relativ selten. Diese entstand auf der Strecke
Reichenbach—Oberheinsdorf, unmittelbar vor
dem Gasthof Unterhainsdorf. Die Strecke, eine
1000 mm-Schmalspurbahn, wurde am 15.12.1902
eröffnet und ab 1.10.1909 auch für den Personenverkehr genutzt. Im Jahre 1962 erfolgte die
Stillegung der Strecke.

214   Reichenbach—Oberheinsdorf

Oberrittersgrün i. sächs. Erzgeb.　(Bahnhof, Post und Schule)

Bahnhof Oberrittersgrün,

Endpunkt der am 20.7.1897 eröffneten Schmalspurbahn Grünstädtel—Oberrittersgrün.Rechts
unten im Bild ist eine Bm-Draisine zu erkennen.
Im September 1971 wurde der Verkehr auf dieser
Strecke eingestellt. Heute beherbergt der Bahnhof ein Schmalspurbahnmuseeum, das Anzie-
hungspunkt für viele Eisenbahnfreunde und
Touristen ist.

Kohlenbezug:	772 t
Güterempfang:	4 993 t
Güterversand:	14 067 t
Bedeutung im Güterverkehr:	Platz 373
Zuständige Betriebsdirektion:	Zwickau
Einwohner des Ortes:	2 533
Amtshauptmannschaft:	Schwarzen-berg

Oberwiesenthal   *Ankunft des Sportzuges*

Bahnhof Oberwiesenthal,
Endpunkt der am 20.7.1897 eröffneten Schmalspurbahn Cranzahl—Oberwiesenthal. Im Winter brachten sogenannte Wintersportzüge die zahlreichen Touristen in den schon damals überaus beliebten Urlaubsort. „Zugpferd" war auf dieser Strecke die sä. IV K.

Kohlenbezug:	2670 t
Güterempfang:	4577 t
Güterversand:	689 t
Bedeutung im Güterverkehr:	Platz 586
Zuständige Betriebsdirektion:	Chemnitz
Einwohner des Ortes:	1729
Amtshauptmannschaft:	Annaberg

GEYER i. Erzgeb.

Bahnhof.

Bahnhof Geyer,

Endpunkt der Schmalspurstrecke Schönfeld—Geyer und mit dieser am 1.12.1888 eröffnet. 1906 erfolgte durch die Verbindung zur Wilischthalbahn nach Thum eine Erweiterung des Bahnhofes, der nunmehr Durchgangsbahnhof war. Am 1.10. 1910 wurde der Sitz der Bahnverwalterei von hier nach Thum verlegt. Vor dem Zug nach Thum eine sä. IV K, in der Bildmitte ein Güterwagen auf Rollböcken. Probefahrten auf Rollböcken hatten hier bereits im Oktober 1890 stattgefunden. (1909)

Kohlenbezug:	4799 t
Güterempfang:	15805 t
Güterversand:	3649 t
Bedeutung im Güterverkehr:	Platz 371
Zuständige Betriebsdirektion:	Chemnitz
Einwohner des Ortes:	6451
Amtshauptmannschaft:	Annaberg

*Bahnmeistereirotte an der Schmalspurstrecke
zwischen Geyer und Thum.*

Ein Bahnmeister verdiente damals zwischen 1800
und 3300 Mark jährlich, ein Bahnwärter oder
Rottenführer zwischen 1000 und 1500 Mark.
(1915)

Thum i. Erzgeb. Bahnhof.

Bahnhof Thum.

Der Ort erhielt am 15.12.1886 Anschluß an die
Wilischthalbahn. Die Station bestand zunächst
nur aus einer angemieteten Wartehalle und einem
kleinen Güterschuppen. Der neue Thumer Bahnhof entstand mit dem späteren Bau der 8,19 km
langen Verbindungsbahn von Geyer nach Thum
und wurde am 1.5.1906 eingeweiht. Als 1911
noch die Strecke nach Meinersdorf hinzukam, war
der Bahnhof zum Knotenpunkt dreier Schmalspur-
strecken geworden. (1913)

Kohlenbezug:	10528 t
Güterempfang:	23620 t
Güterversand:	2304 t
Bedeutung im Güterverkehr:	Platz 313
Zuständige Betriebsdirektion:	Chemnitz
Einwohner des Ortes:	4302
Amtshauptmannschaft:	Annaberg

Auf der ehemaligen Schmalspurstrecke Oberherold—Thum, die mit dem Bau der Wilischthalbahn am 15.12.1886 eröffnet und 1972 stillgelegt worden war. Vor dem in Richtung Thum fahrenden Zug eine sä. I K. Im Hintergrund ist die ehemalige Oberförsterei in Thum zu erkennen. (1900)

Jöhstadt. Bahnhof mit Ortsteil Dürrenberg.

Bahnhof Jöhstadt,

Endpunkt der Schmalspurbahn Wolkenstein—Jöhstadt und am 1.6.1892 eröffnet. Später, am 5.5. 1893 wurde noch eine 1,38 km lange Teilstrecke für den Güterverkehr zur Ladestelle Jöhstadt in Betrieb genommen. In der Bildmitte das Empfangs- und Wirtschaftsgebäude, davor ein Güterboden. Heute ist hier die „IG Preßnitztalbahn" dabei, ein Stück der Bahnlinie von Jöhstadt aus wieder zu errichten. Ein Besuch lohnt sich. (1918)

Kohlenbezug:	3 149 t
Güterempfang:	8 217 t
Güterversand:	3 463 t
Bedeutung im Güterverkehr:	Platz 464
Zuständige Betriebsdirektion:	Chemnitz
Einwohner des Ortes:	2 212
Amtshauptmannschaft:	Annaberg

Haltestelle Steinbach,
am 1.6.1892 eröffnet. Sie war anfangs die größte Unterwegsstation der Strecke Wolkenstein—Jöhstadt. Im Bild die Ladestraße mit Güterboden und angrenzendem Haltestellengebäude. 1984 wurde der Reiseverkehr auf dieser Strecke eingestellt. (1918)

Kohlenbezug:	291 t
Güterempfang:	2 001 t
Güterversand:	6 303 t
Bedeutung im Güterverkehr:	Platz 522
Zuständige Betriebsdirektion:	Chemnitz
Einwohner des Ortes:	1 050
Amtshauptmannschaft:	Annaberg

Gruß aus der Bahnhofs-Restauration Boden, Erzgeb.

Haltestelle Boden

im schönen Preßnitztal. Der in Richtung Wolkenstein fahrende Zug wird von einer IV K gezogen.

Kohlenbezug:	415 t	Bedeutung im Güterverkehr:	Platz 600
Güterempfang:	2425 t	Zuständige Betriebsdirektion:	Chemnitz
Güterversand:	2281 t	Einwohner des Ortes:	276
		Amtshauptmannschaft:	Marienberg

Ortsverzeichnis

Verzeichnis der Lokomotiven

Quellenverzeichnis

Sächsisches Finanzministerium: Statistischer Bericht über den Betrieb der unter Königlich Sächsischer Staatsverwaltung stehenden Staats- und Privateisenbahnen. Jahrgang 1875 bis 1919

Ulbricht, L.F.: Geschichte der Königlich Sächsischen Staatseisenbahn. Dresden 1889

Dumjahn, H.W.: Handbuch der Deutschen Eisenbahnstrecken. Mainz 1984

Berger, M.: Historische Bahnhofsbauten III. Berlin 1980

Berger, M.: Die Muldental-Eisenbahn. Berlin 1981

Bufe, S., Schröpfer, H.: Eisenbahnen im Sudetenland. Egglham 1991

Näbrich, F., Meyer, G., Preuß, R. : Lokomotiv-Archiv Sachsen. Bd. 1 u. 2. Berlin 1984

Preuß, R., Preuß, E.: Sächsische Staatseisenbahnen. Berlin 1991